教育部支持项目
保险实用型人才培养规划教材
博雅精品教材系列

INSURANCE

保险采购实务

BAOXIAN CAIGOU SHIWU

主　编　沈开涛
副主编　何惠珍　陆　华

北京大学出版社
PEKING UNIVERSITY PRESS

内 容 简 介

保险采购是保险经纪服务中的一个重要环节，涉及多个领域的专业知识。本教材内容主要包括保险采购的基础知识和实务操作技能，通过对各类保险采购案例具体分析，帮助学生了解保险经纪项目中保险采购的相关内容、工作流程和基本方法，旨在培养学生的实际操作能力、沟通能力和服务意识，为学生今后从事保险经纪相关工作奠定良好的基础。其中，第一章保险采购概述，主要包括保险采购的概念、功能及意义，保险采购和其他采购的区别，保险采购方式和适用范围等。第二章保险招标采购实务，主要包括招标相关法律法规介绍、保险采购操作规程和保险招标关键环节等。第三章保险竞争性谈判采购，主要包括保险谈判采购实施原则、保险谈判采购操作规程和保险谈判文件的编制等。第四章保险询价采购，主要包括保险询价采购实施原则、保险询价采购操作规程、保险询价文件的编制和保险报价分析报告的编制等。第五章保险管理与采购，主要包括企业保险管理概述、保险采购与企业保险管理的关系等。第六章保险经纪与保险采购，主要包括保险经纪人在保险采购中的作用、保险经纪人实施保险采购工作的相关要求等。

图书在版编目(CIP)数据

保险采购实务/沈开涛主编. —北京：北京大学出版社，2015.8
（保险实用型人才培养规划教材）
ISBN 978-7-301-26103-3

Ⅰ.①保… Ⅱ.①沈… Ⅲ.①保险—高等职业教育—教材 Ⅳ.①F84

中国版本图书馆 CIP 数据核字(2015)第 167346 号

书　　名	保险采购实务
著作责任者	沈开涛　主编
责任编辑	刘　罽
标准书号	ISBN 978-7-301-26103-3
出版发行	北京大学出版社
地　　址	北京市海淀区成府路 205 号　100871
网　　址	http://www.pup.cn　新浪微博：@北京大学出版社
电子信箱	pup_6@163.com
电　　话	邮购部 62752015　发行部 62750672　编辑部 62750667
印 刷 者	北京大学印刷厂
经 销 者	新华书店
	787 毫米×1092 毫米　16 开本　12.25 印张　292 千字
	2015 年 8 月第 1 版　**2017 年 9 月第 3 次印刷**
定　　价	37.00 元

保险实用型人才培养规划教材

编　委　会

总　　序

进入新世纪以来，我国保险业在国民经济建设中发挥着越来越重要的作用，随着发展速度的加快，保险企业对人才的需求日益增大，尤其是对保险销售、保险服务等实用型人才需求更大，这就对保险实用型人才培养的数量和质量都提出了很高的要求。

保险是一门专业性很强的复合型学科，同时又是一门实用性很强的学科。保险企业不仅需要具有扎实理论功底和良好发展后劲的研究型人才，而且还需要具有较强职业技能、实务能力和创新精神的实用型人才。在实际工作中，保险市场对保险销售、保险服务等实用型人才的需求已占到人才需求总量的70%～80%，而国内开设保险类专业的高等院校大多数都偏重于理论教学，主要培养的是理论型、研究型人才，这就造成一方面保险企业招不到急缺的实用型人才，另一方面保险专业毕业的大学生却找不到好工作。

作为朝阳行业的保险经纪不断显现出蓬勃生机，保险经纪人在国民经济的各个领域也发挥着越来越重要的作用。保险经纪人具有职业领域宽、专业技能强、服务行业广等特质，而我国的高等学校尚未开设保险经纪专业，因此保险经纪人才尤其是经过保险经纪专业培养的人才严重匮乏。

《中国保险业发展“十二五”规划纲要》明确提出“鼓励保险企业与各类大专院校和科研机构建立长效合作机制，打造行业人才培训基地”，《国家中长期教育改革和发展规划纲要(2010—2020 年)》提出了“实行工学结合、校企合作、顶岗实习的人才培养模式”，这在国家层面上为我们培养人才指明了方向。职业教育的目标是培养高素质技能型人才，目前我国一万多所职业院校约有 3000 万名在校生，高职高专毕业生整体就业率在 95%左右，但毕业后到银行、保险、证券等行业工作的不到 5%。我认为，职业教育特别是高等职业院校，就是培养保险销售、保险服务等实用型人才的摇篮。

2013 年 6 月，我们向教育部职业教育与成人教育司提交了与职业院校合作培养保险实用型人才的报告，教育部各级领导高度重视。同年 11 月，在教育部的支持指导下，“江泰保险实用型人才培养培训项目”开始实施。我们与职业院校共同建立“江泰保险实用型人才培养培训基地”，创新合作模式，培养保险实用型人才。旨在为职业教育提供新的专业空间，为保险业填补保险经纪、保险销售、保险服务等实用型人才缺口，也为职业院校的优秀学生提供学习保险实务技能的机会，并为他们开辟就业新渠道，定向培养一批满足江泰保险经纪股份有限公司需要及保险行业发展需要的高素质技能型和高级应用型人才。

要培养保险经纪实用型人才，首先要有一套保险经纪实务教材。而现实情况是，一方面现有保险类教材大多是纯理论的，内容与实际工作流程、技能脱节，导致学生进入企业后无法学以致用；另一方面，目前国内很缺乏保险经纪理论或实务的相关著作，保险经纪的专业教科书也很少，更没有一所学校开设保险经纪课程。因此，编写一套以保险经纪专业为主体的、比较系统的保险实务教材就成为我们这个项目的重中之重的任务。

编写教材对于江泰人来说还是一件新事物。江泰保险经纪股份有限公司是我国第一家开业的全国性、综合性保险经纪公司，公司成立以来一直围绕制度、产品、技术、服务、模式等方面务实创新，十五年市场拓展已经提炼有系统的专业技术；十五年成功已经积累有丰富的实战经验；十五年发展已经形成独有的江泰文化和核心价值观。我认为，编写这套教材，无论是对社会、对保险行业、对职业教育还是对江泰的发展都是具有意义的一件事，江泰人有信心、有能力来分担这份社会责任。

本套教材包括《保险市场基础知识》《风险识别》《保险产品解读》《保险销售实务》《保险采购实务》《保险经纪服务》《保险经纪公司经营管理》《保险项目管理基础知识》《合规与道德》9本，以保险经纪实务知识和专业技能为主线，在保险基本理论、基本原则的基础上，形成一个相对完整的理论知识、实务技能的逻辑体系。根据高等职业院校的特点和培养实用型人才的目标，在编写中着重突出了以下三个特点。

1. 创新性

本套教材以江泰公司在十五年发展中积累的大量经验、案例和建立的周密业务流程及标准为基础进行原创，将江泰的优势专业、特色技术、经典案例和规章制度、业务流程、服务标准、职业操守、企业文化，以及相关数据、图表等可转化为教学内容的资料整理为编写素材，梳理归类知识点和技能点，从职业岗位(群)能力分析入手，以岗位工作过程为导向，对知识体系进行重构、整合，突出岗位工作与教材编写的针对性及关联性。

在体系结构设计上更新。按照保险经纪的职业领域、业务范围、流程环节设计教材体系，9本书相对独立又互为关联，提炼出知识结构体系和技能实务体系，通过系列教材保持保险经纪职业领域的整体性。

在知识体系设计上更新。9本书在满足总体知识体系的基础上又各具特色，在内容结构上采用的是先理论后实务、先知识后操作的方法，以符合工作岗位、工作任务的业务流程的实践规律，使工作规律与学习规律相融合，区别于一般保险类教材按学科理论内容编写的传统方式，突出工作过程的逻辑性，让学生在由理至实、由易到难的学习过程中逐渐构建知识结构，增长实务能力。

在合作编写方式上更新。以学生为中心，跨界共同编写教材。由主编设计确定编写大纲(三级目录)，江泰公司具有丰富实践经验的人员与高等职业院校具有丰富教学经验和编写教材经验的老师交叉编写，征询行业专家、大学教授的建议，多次循环增减、修改，在不断反馈、分析、统一中完善。形成了以学生为中心的由人才需求方、职业教育方、社会相关方等各方共同参与编写的教材编写模式。

2. 实用性

以江泰公司真实的工作任务、工作过程为依据，整合、序化教材内容，科学设计学习性工作任务，突出教材的实用性。

以学生就业为导向。遵循现代职业教育教学特点，始终把握“必需”“够用”和“能用”“会用”的实用性原则，以保险基本理论为引导，以保险经纪实务技能来展开，避虚就实，去繁就简，培养学生实际动手能力和解决问题的能力，让学生学而能用、学而有用。

以职业工作任务为主线。本套教材以保险经纪企业实际的职业工作任务为主线开发设计，在教材的主体内容上依据江泰公司的实际职业工作流程及专业知识来编写，融入保险经纪人的执业标准，确保教材的专业性，形成一条极具行业职业发展前景的知识链。全套教材为学生提供了一个学习职业知识的大平台，多岗位、多方法、多视觉、全方位地学习、了解、掌握保险经纪知识，毕业后可以适应不同的岗位工作、较快地配合其他岗位工作、规划自己的职业发展前景。

以培养实务能力为重点。围绕经济社会和保险经纪岗位(群)能力的要求，以保险经纪实务技能为重点，对保险经纪人所应具备的各项专业操作技能进行深入理性提炼，以具体的岗位工作为载体整合教材内容，对实战性操作技术内容进行重点阐述，不追求保险学科本身理论的体系关联和数理模型系统的单一性，整体上突出保险经纪的专业性和实用性，着重培养学生具有保险经纪人的综合素质和专业实务能力。

3. 知识性

理论与实践结合，知识与技能一体，以强化本套教材的知识性和开放性，力求使教材具有“教、学、做”一体化培养人才的科学性。

精心构建知识结构。在知识范围方面，既有保险经纪的理论知识、技能知识、现代保险的基础理论、销售理念、客户服务、风险管控，也有保险项目管理等贴近时代、贴近市场的专业知识技能，还有合规操作、职业道德、服务礼仪等方面的职业素质知识。

拓宽学生的知识面。在关联知识方面，通过配置丰富的典型案例、插图以佐证相关理论知识；通过大量的补充阅读、延伸阅读的链接拓展知识学习量；嵌入真实生动的行业、企业故事让学生了解企业的组织架构、岗位职责、业务流程，以及员工应当具备的职业素质，体验企业的工作过程、业务流程和真实的经营管理过程，掌握作为一名保险经纪人应具备的知识、技能和基本职业素质，为今后走上工作岗位做好准备。

增强知识的时代性。在新知识方面，充分考虑我国保险行业的新情况，积极借鉴国内外保险行业最新研究成果及移动互联等应用技术，按最新的法律法规来融合规范每本教材的内容，将新模式、新方法、新技能和新的实践经验转化为知识点。基本知识与前沿理论结合，传统操作与现代技能一体，让学生学到新知识、掌握新技能、跟进新发展。

近两年的时间，六易其稿，这套教材就要与读者见面了。经相关专家教授审阅，大家认为：知识性、实用性、创新性是这套教材的灵魂。这套教材不仅填补了高等职业教育保险类专业教材的空白，也填补了保险理论中保险经纪实务的学术空白。希望能够为高等职业院校培养金融保险专业学生、培养保险经纪人才提供一套教学蓝本，也为保险同业管理者、金融保险工作者、企业风险管理者提供一套参考资料。

不忘初心、常怀善念。对于这个项目，我们始终抱有一种责任感和使命感。江泰作为我国保险经纪行业的龙头企业，将在教育部支持指导下积极与高等职业院校合作，为我国保险行业培养一批优秀的实用型人才，为我国高等职业教育探索校企合作新模式作出一份贡献。

2015年7月28日于北京

致　谢

这套教材的出版，是相关各方智慧和辛勤劳动的结晶。在这里，我要衷心感谢教育部各级领导的关心支持，尤其要感谢葛道凯司长、刘杰处长，他们不仅对教材编写的启动、审稿全过程给予了大力支持，还在校企合作编写教材的方式方法上给予了经验帮助和热情指导，为编写教材把握了目标导向；感谢中国保监会中介部领导的支持，感谢颜韬副处长在教材编写启动时给予的鼓励；感谢中国保险学会领导的支持，感谢张领伟副秘书长对教材编写提出的好建议；感谢北京工商大学保险学系主任王绪瑾教授、中央财经大学保险学院副院长陶存文教授、中南财经政法大学金融学院副院长刘冬姣教授，他们从保险学资深教授的角度为这套教材提出了许多宝贵意见，使教材更加完善；感谢北京师范大学职业与成人教育研究所所长赵志群教授，他专门主持"实践专家访谈会"为我们开发职业教育教材提供了方法指南。

在这里我还要诚挚地感谢编写团队。首先要感谢各参编院校领导的大力支持，感谢各位参编老师，他们发挥职业教育教学的专长，利用课余时间积极投入，为这套教材的编写、修改付出了辛勤的努力；同时也要感谢我们江泰公司的编写人员，他们充分发挥保险经纪业务专长，运用多年积累的经验，加班加点完成了这套教材的编写、修改；最后，要感谢北京大学出版社的大力支持，感谢杨立范副总编，他参与了这套教材编写的全过程，在每一个阶段都给我们提出了好的建议，避免了在编写中可能出现的失误。

在这套教材编写中，我们还参阅了许多专家学者的作品、材料，在此也一并表示感谢。

2015 年 7 月 28 日于北京

前　言

理论源于实践，同时对实践具有强大的推动和促进作用。保险采购的兴起和发展，是保险需求方主体意识觉醒和保险买方市场形成的主要标志。保险投标展业，早已成为保险业的国际惯例，近年来也逐渐成为我国保险公司开拓市场进行竞争的新方式。随着保险公司在保险采购中参与度的不断提高，保险买方在保险专业知识方面的劣势表现明显，因此，保险经纪人在保险采购中的作用逐步显现。保险采购是保险经纪服务中的一个重要环节，是一项涉及多个领域的复杂工作。因而，掌握保险采购的基本知识和具体操作方法，是普通高校、高等职业院校学生将来从事保险经纪与保险采购相关工作的基本保证。

《保险采购实务》一书是“保险实用型人才培养规划教材”之一。围绕保险实用型人才培养目标，本教材通过对保险采购必备理论知识和实务操作技能作出深入浅出的介绍，旨在让学生全面了解保险经纪人在其中扮演的角色及所起的作用，从而真正把握保险采购的专业技能。

本教材由校企双方合作共同完成。其中，江泰保险经纪股份有限公司主要凭借丰富的实践经验编写了指导性大纲，同时提供了案例等大量翔实的资料，以确保教材具有一定的专业性、适用性和科学性。浙江金融职业学院则根据多年的教学经验，契合高等职业院校学生应注重实际工作能力和专项技能的培养目标，以确保教材具有一定的实用性、够用性和可操作性。总之，在教材编写过程中，我们不仅充分考虑到保险相关专业高职院校学生的基础和特点，遵循“理论以够用为度，应用以务实为主”的原则，全面贯彻和执行了《国家中长期教育改革和发展规划纲要(2010—2020年)》中关于“推进教育教学改革，实行工学结合、校企合作、顶岗实习的人才培养模式”的精神，而且借鉴和参考了国内外有关保险采购方面的信息资料及科研成果，结合我国保险采购市场发展的实际状况，并尽可能汲取国内外保险采购理论研究和具体实践的最新成果。同时，我们力争本书在“精”“实”“准”“能”等方面有自己的特色。

本教材既适合普通高等学校、高等职业院校、高等专科院校、成人高等院校等学校保险、金融保险及保险经纪专业的学生学习使用，也可用于保险公司、保险中介公司和银行等金融机构中保险经纪相关行业的职业培训。

本教材由江泰保险经纪股份有限公司董事长沈开涛先生担任主编，浙江金融职业学院何惠珍教授和江泰保险经纪股份有限公司总裁陆华先生担任副主编；浙江金融职业学院朱佳编写第一章，冯芳怡编写第二章，何惠珍编写第三章、第四章，毛通编写第五章，沈洁颖编写第六章；江泰保险经纪公司赖亚柃、张钰编写第一章、第二章、第三章，赖亚柃、张钰、罗皎皎编写第四章、第五章，赖亚柃、罗皎皎编写第六章；教材由何惠珍负责总纂。

本教材在编写过程中得到了江泰保险经纪股份有限公司和浙江金融职业学院相关领导的大力支持，并参考了国内外保险业前辈的多项保险和采购方面的相关著作和成果，在此一并表示由衷的感谢。

由于本教材编写时间较紧，加之编者编写水平有限，教材中疏漏之处在所难免，恳望广大师生及读者批评指正，使之不断修订完善。

编　者

2015 年 6 月

目　录

第一章　保险采购概述

课前导读

保险市场上有着众多的保险产品和保险服务供应商(一般指保险公司)，如何以快捷的方式筛选市场上的各类保险信息，协助客户选择最适合的供应商并降低采购成本，取决于保险采购方式的正确选择和保险采购的正确实施。

知识学习目标

通过学习本章，了解保险采购基本概念和保险采购工作的功能，了解保险市场上常用的采购方式及其适用范围。

能力培养目标

通过学习本章，应熟悉保险采购的定义、功能、方式、适用范围和工作流程，掌握保险采购与其他物品采购的区别。

1. 掌握保险采购的定义。
2. 了解保险采购与其他采购的区别。
3. 熟悉保险采购的功能及意义。
4. 熟悉保险采购的方式。
5. 明确各类保险采购的适用范围。

教学重点

1. 保险采购的功能。
2. 保险采购的工作流程。
3. 保险采购的主要方式。

教学难点

比较保险采购与其他物品采购。

引导案例

随着城市交通问题的日趋突出，地铁迎来了全国范围内的建设高峰。建设任务繁重且风险集中，完善的风险管控体系是地铁建设顺利进行的重要保障。

保险作为有效的风险管理手段之一是南京地铁风险管控中极其重要的一环。南京地铁保险采购模式经历了1号线时期的业主自行采购、2号线以及4个延伸线时期的保险顾问协助采购之后，在不断的总结与提高中，3号线和10号线工程，则根据国际惯例聘用保险经纪人进行专业化操作。

为了让保险方更清楚，直观地了解建设风险，南京地铁公司召开了风险说明会，全面解析风险点，以诚相待，让保险方能够客观评价风险，合理定价。为了配合建设风险保障需求，南京地铁公司和保险方经过充分的沟通，共同商定了合理的保障条件，调整了费率，保险方予以了充分的理解和支持，并取得监管方的认可，这也是保险采购管理的重点工作。

在现有模式下，通过专业化运作，南京地铁公司不仅合理合规地实现了保险保障、保费价格和保险管理成本的全面优化，还实现了保险的增值利用，让保险有机会更多地参与到地方生产建设中来。

实践证明，地铁保险的探索和实践实现了保险采购管理工作的创新与进步。

任何企业都无法回避风险，要想成为永续经营、基业长青的百年老店，更应时刻关注和妥善管理风险。特别是从事基础产业的大型企业，一旦遭遇灾害事故，不仅会对企业造成巨大损失，甚至会严重影响区域经济发展和社会稳定。从国际经验来看，大部分大型企业会聘请优秀的保险经纪公司，协助企业制定内部统一的风险管理政策和策略，充分运用自留、化解、规避和转移等方法有效管理风险。我国保险业起步较晚，虽然发展较快，但目前在保险市场上险种供给仍然有限，且保险条款和保险费率均由保险公司单方面制定，保险合同格式化，保险合同与保险条款中有许多专业术语和模糊性陈述，这显然难以充分满足大型企业的保险需求并保障企业利益，“高投入、高成本、高消耗、低效率”“三高一低”的企业发展问题还没有从根本上得到解决。由此，保险经纪人应运而生。随着保险业的稳步发展，保险经纪人作为客户的“代言人”在保险事务中扮演着越来越重要的角色，在保险产品设计、风险管理、索赔管理和保险采购等诸多方面发挥了巨大的作用。

第一节　保险采购及其功能

一、保险采购定义

（一）采购

1. 基本概念

采购是指采购主体基于消费、生产或转售等目的，有偿获取资源的经济活动。从管理学的角度来看，采购是指个人或单位在一定的条件下，从供应市场获取产品或服务作为自己的资源，为满足自身需要或保证生产、经营及管理活动正常开展的一项经营管理活动。

1) 采购是获取资源的过程

能够提供这些资源的供应商，共同形成了一个资源市场。为了从资源市场获取这些资源，必须通过采购的方式。也就是说，采购的基本功能就是帮助人们从资源市场获取所需要的各种资源。

2) 采购是一种经济活动

在整个采购活动中，一方面，通过采购获取了资源，保证了企业正常生产的顺利进行，这是采购的效益；另一方面，在采购过程中，也会产生各种费用，这就是采购成本。企业追求采购经济效益的最大化，就是要不断降低采购成本，以最少的成本去获取最大的效益。而要做到这一点，关键就是要努力追求科学采购，因为科学采购是实现企业采购效益最大化的重要手段。

2. 采购的分类

按照采购主体的不同，采购可以分为个人采购、企业采购和政府采购。个人采购是为了满足个人需求而进行的采购；企业采购是为了满足企业生产经营活动或实现企业战略目标而进行的采购；政府采购是为了满足政府机构日常使用需要或为社会公众提供公共服务需要而进行的采购。政府采购以及其他所有关系社会公共利益、公众安全的采购合称公共采购。

此外，采购还有很多种分类方式，主要有以下几种。

(1) 按照支付对价的方式划分，可以分为购买、租赁、委托、雇佣等。

(2) 按照选择交易主体的方式划分，可以分为招标、询价、订单、磋商、竞价、比选等方式。

(3) 按照交易主体的国别和采购标的物的来源地划分，可以分为国内采购和国际采购。

(4) 按照采购标的物的属性划分，可以分为工程采购、货物采购和服务采购。

3. 采购制约因素

采购制约因素是指各种影响采购目标能否实现的主客观因素，包括资金、时间方面的制约，市场供应情况，采购人的经验和能力，采购工具以及相关的法律法规等。在采购工具和相关法律法规及规章制度等方面，个人采购、企业采购及公共采购在制约因素上存在差异。

采购工具是指采购方式、评价方式、评价因素、合同类型等具体的采购环节相关的方法、程序或格式等。与个人及企业采购相比，公共采购的采购工具具有多样性及规范性的特点。

在法律法规和规章制度方面，国家或者行业对企业采购做出了较为全面的规定和要求，很多企业通过内部的规章制度对采购目标、采购原则和采购流程进行了规范；对于国有企业的采购，国有资产管理、检查、审计等部门制定了更严格的要求。

公共采购将对采购的要求上升到法律法规和国家政策的层面，它受到诸多法律法规、政策和标准规范的限制和控制。在公共采购领域，我国同时存在《中华人民共和国招标投标法》(以下简称《招标投标法》)和《中华人民共和国政府采购法》(以下简称《政府采购法》)两部法律。以这两部法律及其配套法规为主，加上其他公共工程基础设施投资建设和公用事业特许经营类法律法规，形成了我国公共采购的法律体系。主管部门和监督管理部门对公共采购的关注和监督是公共采购法律体系的重要组成部分。

4. 采购流程

采购是指通过交换获取物料和服务的购买行为，为企业经营在合适的时间、地点、价格获取质量、数量合适的资源。采购可分为直接采购和间接采购。采购一般包括以下步骤：收集信息，询价，比价，议价，评估，索样，决定，请购，订购，协调与沟通，催交，进货检收，整理付款。采购流程如图 1.1 所示。

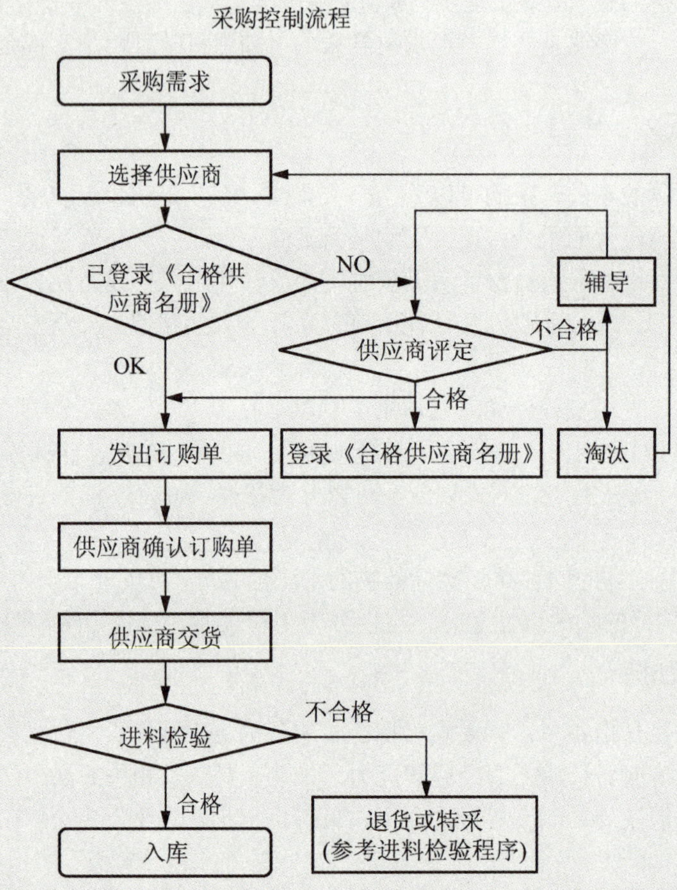

图 1.1　采购流程

补充阅读 1-1

采购工作人员职责

从事采购工作的人员必须承担的职责：采购计划与需求确认、供应商选择与管理、采购数量控制、采购品质控制、采购价格控制、交货期控制、采购成本控制、采购合同管理、采购记录管理。合格的采购员除了要有必备能力外，还要有合理的采购计划，遵守“5R”①原则，选择合适的供应商，并加于管理，不断提高。在不影响企业正常生的条件产下，降低采购成本。

(二) 保险采购

保险采购是随着保险市场的发展壮大，随着保险消费者主体风险意识不断加强而出现的一种自主性购买方式。保险采购是指保险需求方(包括个人或单位)在一定的条件下，通过一定方式从保险公司购买保险产品或保险服务，从而转移自身风险获取保险保障的一项经营活动。

以生产企业为例，在生产经营活动中，必须对企业面临的风险进行全面识别和评估，并且通过消除、转移和降低等方式处置风险。但是不同的企业，由于所处行业、组织架构、经营范围、地理位置、环境因素甚至管理水平皆有不同，面临的风险也不相同。虽然越来越多的企业意识到风险管理的重要性，但由于缺乏相关风险管理经验和保险保障的专业人才，往往只能通过保险公司现有的保险产品转移部分风险，无法针对企业自身特点制订保险保障计划。随着我国市场经济的不断深化，企业逐渐认识到保险采购的优势所在，并且在采购保险时，越来越多地聘请专业保险经纪公司为企业服务，对企业面临的风险进行全面识别和评估，提出风险应对策略，制定个性化的保险方案，并且代为向保险公司采购，这样不但使企业享受到了全面的保障及专业的服务，同时也降低了企业的风险管理成本，实现多方共赢。

补充阅读 1-2

保险采购的流程

保险采购有固定的操作模式和流程，根据国际惯例和市场经验，保险采购的客户主要包括政府、大中型企事业单位，客户对公司提供的保险商品和保险服务有特定的要求。保险采购流程如图 1.2 所示。

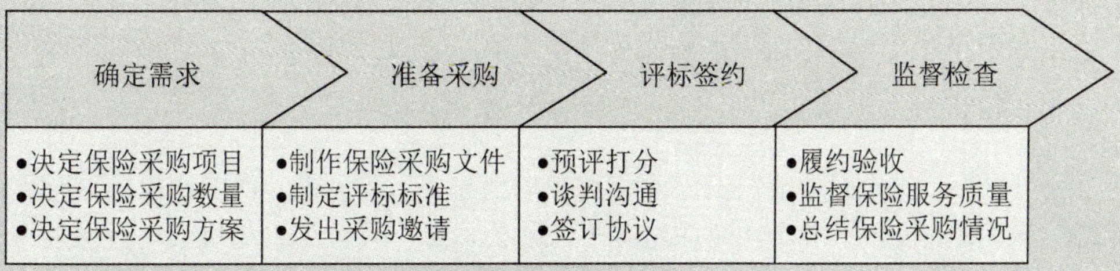

图 1.2 保险采购的流程图

① “5R”：适时(Right time)、适质(Right quality)、适量(Right quantity)、适价(Right price)、适地(Right place)。

二、保险采购的特殊性

保险采购和其他物品采购有很大的区别，其特殊性源于保险的特殊性。首先，保险合同具有射幸性，这就意味着保险公司是否付出赔款及赔款金额的多少具有不确定性，因为赔款的支付取决于约定的保险事故是否发生及发生的程度。支付赔款的不确定性有可能导致不具备承保实力的保险公司铤而走险，以超低价竞标。其次，保险是一种服务，是对未来的一种承诺，其消费过程具有滞后性。因此，保险合同的执行过程更加重要。从保险公司中标到签订保险合同，再到合同的执行，包括风险管理服务和理赔，中标公司的服务水平影响着保险购买方的实际效用，保险采购方要考虑的不仅仅是价格因素，还应该包括服务、品牌和信誉等方面的因素。

三、保险采购的功能及意义

1. 基于供应商——保险公司的角度

1) 保险采购可以降低展业成本、提高交易速度

由于保险采购是企业转移风险的一种自主性行为，因此企业了解自身风险，提出需求明确，可以显著加快保险契约达成的速度，降低搜寻和合同洽谈的交易成本。基于相同的业务量，保险公司参与保险采购所需的人力、物力、财力投入以及其他费用都明显低于其他保险销售模式，且达成交易的速度较快，中标金额较高。甚至一些保险公司明知中标概率小却也要参与，力图通过投标活动增进员工以及管理层的竞争意识，了解竞争对手的情况，锻炼员工队伍。

2) 保险采购有利于提高承保业务的质量

通过竞标获取的保险业务，风险一般具有更突出的同质性。从风险管理的角度来看，风险的合理组合与趋同程度、标的相对稳定的区域位置、被保险人年龄段分布的均衡、高风险个体的排除等，都使得通过竞标获取的保险业务风险相对匀称。例如，政府机构的公用机动车招投标，由于其风险单位的集中、车辆的特殊用途以及政府机构较高的风险管理意识，保险公司所承担的风险要小于社会上承保同类型机动车的风险。再如，大学学平险的招投标，被保险人通常集中在 19～24 岁，日常活动区域多集中在校园，每年经历 4 次左右的学校与家庭所在地的往返，因此这类人群的所面临的风险的同质性非常高，中标公司所承担的风险要小于同险种分散业务。

2. 基于采购方——投保人的角度

保险采购的方式很好地解决了保险市场中的信息不对称问题。保险招投标这一保险销售模式，为投保人提供了一个同时面对多个保险公司进行要约谈判的机会。投保人可以在各类专业人员的帮助下，认真分析各投标人所提供的产品和服务，反复进行横向的比较，甚至还可以对投标人过去的业务表现、财务状况、服务方式、履约信用等一系列信息进行考察，然后再选出自己最满意的保险公司。对于投保人来说，这种模式比通过其他方式来了解保险公司更有效、更直接、更全面。

3. 基于社会效益的角度

在我国特有的社会背景[①]下，保险采购活动有着特殊的内涵。保险采购在客观上能维护投保人的正常权益，促成投保人做出科学决策的作用，所以保险招投标有着不可低估的社会效用。

1) 具有保护市场各方参与者的作用

这里所指的“各方参与者”，主要指保险合同的双方。招标方式是进行政府采购的法定程序，这是“反腐倡廉”的需要。由于保险招标多被应用到国有大宗经济活动，采用这一方式既可以把投保人的要约行为规范在正常轨道上，保护国有的资产与资源，又可以防范保险公司的不当竞争行为于未然，起到净化社会与市场，保护保险市场“各方参与者”的作用。

2) 普及保险知识，提高全社会的风险意识

在近几年的实践中，我国在普及、认识保险招投标的过程中，也逐渐认识了保险的重要性，招投标成为宣传保险的一种媒介。通过参与保险招投标各方当事人的相互交流与影响，保险防范风险、补偿与给付的功能得以传播，招投标成为保险意识教育的一种途径，成为普及保险知识的桥梁与介质。

3) 进行普法宣传，以社会效益促进经济效益

依法办事是成熟社会最突出的特征，是健康的社会与健康市场的基础。《招标投标法》《中华人民共和国保险法》(以下简称《保险法》)因为其典型的专业性质不为公众所熟悉。保险招投标活动使社会初步改变了这种状况，起着宣传《招标投标法》《保险法》的独到作用而扩大其社会效益。随着保险招投标活动社会效益的逐步提升，人们借助该活动实现风险科学管理的水平也会随之提高，社会效益又会进一步促进其经济效益的提升。

课堂活动 1-1

每 3～5 个同学为一组，分组讨论以下内容：

1. 保险采购与其他物品采购有何区别。
2. 保险采购的流程。

第二节　保险采购方式及其适用范围

一、保险采购方式

(一) 招标方式

按照竞争开放程度，招标方式分为公开招标和邀请招标两种。招标项目应依据法律规

① 所谓“特有的社会背景”是指：大宗保险采购的主体多为国家机关或公共投资项目的投资人，更能引起社会的关注；人际关系在各类经济活动中仍然存在一定的影响。

定条件、项目的规模、技术、管理特点要求、投标人的选择空间，以及实施的急迫程度等因素选择合适的招标方式。依法必须招标项目一般应采用公开招标，如符合条件，确实需要采用邀请招标方式的，需经有关行政主管部门核准。

1. 公开招标

公开招标属于非限制性竞争招标，是招标人以招标公告的方式邀请不特定的符合公开招标资格条件的保险公司参加投标，按照法律程序和招标文件公开的评标方法、标准选择中标人的招标方式。这是一种充分体现招标信息公开性、招标程序规范性、投标竞争公平性，大大降低串标、抬标和其他不正当交易的可能性，最符合招标投标优胜劣汰和“三公”原则的招标方式，也是常用的采购方式。

公开招标需符合如下条件。

(1) 招标人需向不特定的保险公司发出投标邀请。招标人应当通过为全社会所熟悉的公共媒体公布其招标项目、拟采购的保险项目等信息，向不特定的人提出邀请。任何认为自己符合招标人要求的保险公司都有权向招标人索取招标文件并届时投标。采用公开招标的，招标人不得以任何借口拒绝向符合条件的投标人出售招标文件，依法必须进行招标的项目，招标人不得以地区或者部门不同等借口违法限制任何潜在投标人参加投标。

(2) 公开招标须采取公告的方式，向社会公众明示其招标要求，使尽量多的潜在投标商获取招标信息并前来投标，从而保证公开招标的公开性。实际生活中，人们经常在报纸上看到“×××招标公告”，此种方式即为公开招标方式。采取其他方式如向个别保险公司寄信等方式招标的都不是公告方式，不应为公开招标人所采纳。招标公告的发布有多种途径，如可以通过报纸、广播、网络等公共媒体。依法必须招标项目采用公开招标应当按照《招标公告发布暂行办法》(国家发展计划委员会〔2000〕第4号令)及2013年5月颁布的《关于废止和修改部分招标投标规章和规范性文件的决定》等有关规定指定的媒体发布招标公告。

2. 邀请招标

邀请招标属于有限竞争性招标，也称选择性招标。招标人向已经基本了解或通过征询意向的潜在投标人，经过资格审查后，以投标邀请书的方式直接邀请符合资格条件的、特定的保险公司参加投标，按照法律程序和招标文件规定的评标方法、标准选择中标人的招标方式。

邀请招标不必发布招标公告可发布招标资格预审文件，应该组织必要的资格审查，且投标人应不少于3个。由于邀请招标选择投标人的范围和投标人竞争的空间有限，可能会丢失理想的中标人，达不到预期的竞争效果及其中标价格。

延伸阅读 1-1

保险招标相关知识

1. 公开招标与邀请招标的比较

(1) 信息发布方式不同。公开招标采用公告的形式发布；邀请招标采用投标邀请书的形式发布。

(2) 选择范围不同。公开招标方式针对的是一切潜在的对招标项目感兴趣的保险公司，招标人事先不知道投标人的数量；邀请招标针对已经了解的保险公司，而且事先已经知道投标者的数量。

(3) 竞争范围不同。公开招标的竞争范围较广，竞争性体现得也比较充分，容易获得最佳招标效果；邀请招标中投标人的数量有限，在选择被邀请对象时所掌握的信息具有局限性，竞争的范围有限，有可能将某些在技术上或报价上更有竞争力的保险公司漏掉，得不到最适合的保险公司和获得最佳竞争效益。

(4) 公开程度不同。公开招标中，所有的活动都必须严格按照预先指定并为大家所知的程序和标准公开进行，信息公开、程序规范，大大减少了作弊的可能；邀请招标的公开程度要逊色一些，产生不法行为的机会也就多一些。

(5) 时间和费用不同。公开招标的程序复杂，投标人的素质能力良莠不齐，招标工作量大，耗时较长，费用也比较高；邀请招标不需要发公告，只需要发送邀请函，缩短了整个招投标时间，其费用相对减少。

2. 招标与拍卖的区别

拍卖是一种建立在竞争基础上，通过价格分配稀缺物品的交易方式。《中华人民共和国拍卖法》第三条规定："拍卖是指以公开竞价的形式，将特定物品或者财产权利转让给最高应价者的买卖方式。"该规定明确了我国境内拍卖企业进行的拍卖活动主要为出售标的。而我国《招标投标法》的条款主要倾向于规范在我国行政区域内进行的购买标的的招标投标活动。因此，一般而言，拍卖主要适用于出售标的，购买者之间的相互竞争，可以多次、公开竞价；而招标则主要适用于购买标的，投标者之间相互竞争，一次性、密封报价。

但是，出售标的使用招标或拍卖没有严格的规定，实践中也有许多情况采用招标方式出售标的，典型的是采用招标方式出让国有土地使用权、特许经营权和企业资产等。凡是出售标的涉及因素和交易过程复杂，标的价格需要复杂的成本计算，且单纯的价格竞争又无法全面反映投标者是否有足够能力响应和完成标的，需要可靠的履约能力及其科学、可行的实施方案作为支撑的，应当采用招标投标的竞争方式选择标的出售对象；反之，标的价格受市场竞争影响的可变性大，需要多次竞价，且价格是唯一的竞争因素和选择购买者的决定性因素，无须考虑购买实施能力和方案者，则可采用拍卖方式选择标的出售对象。

3. 招标与合同的关系

招标是规范选择交易主体及其标的，订立交易合同的法律程序。招标人发出的招标公告和招标文件没有价格要素，属于要约邀请，投标人向招标人递交的投标文件属于要约，招标人向中标人发出的中标通知书属于承诺。招标投标各方通过公平竞争、公正评价的规范程序完成了合同主体、客体的选择和合同权利、义务、责任的约定；合同既是招标的决策结果和项目实施的控制依据，也是检验、评价合同各方全面履行权利、义务，承担相应责任的标准。

(二) 非招标方式

1. 竞争性谈判

竞争性谈判是指采购人通过与符合相应资格条件不少于 3 家的保险公司分别谈判，商定价格、条件和合同条款，最后从中确定成交保险公司的采购方式。

竞争性谈判首先可以缩短准备期，能使保险采购项目更快地发挥作用；其次，可以减少工作量，省去了大量的开标、投标工作，有利于提高工作效率，减少采购成本；再次，能使供求双方进行更为灵活的谈判；最后，有利于对民族企业进行保护。

案例 1-1

保险采购公告①

因业务需要，杭州国际会议中心有限公司洲际酒店、杭州国际会议中心有限公司钱江新城假日酒店(以下简称“采购人”)拟为本单位进行保险采购。本着公开、公平、公正原则，我单位欢迎具有能力的保险公司(以下简称“响应人”)积极参加竞争性谈判。现将具体事项公告如下。

(1) 采购内容：涉及险种包括财产一切险附加机器损坏险、财产一切险附加机器损坏险下的利润损失险、现金保险、雇员忠诚险、雇主责任险。

(2) 采购方式：竞争性谈判。

(3) 响应人资质要求。

① 具有独立法人资格或经授权具有独立履约能力，在中国境内拥有经营相关险种保险业务资格的保险公司，并在浙江省设有分公司。

② 提供响应及参加竞争性谈判的必须为财产保险公司的总公司或其浙江境内省级或市级分公司，本次不接受支公司或营业部的响应。

③ 具有类似项目承保经验。(需要明确提供承保项目名称与保险金额，以及说明是否为主承保人)

(4) 竞争性谈判文件领取时间及地点：×××。

(5) 响应文件递交截止时间：××年×月×日。

(6) 响应保证金：响应人在竞争性谈判响应文件送交截止时间前，提交人民币贰万元的响应保证金，以支票或现金形式递交，该保证金须在××年×月×日前到达竞争性谈判邀请人账户方视为有效，在正式保险协议签订后退还各参与单位，最迟不超过竞争性谈判有效期满后的10个工作日。拒绝递交响应保证金或截止日期前保证金未到账者，将视同放弃参加本次竞争性谈判的权利。

2. 询价采购

询价采购是指询价小组或采购人根据采购需求，从符合相应资格条件的保险公司名单中确定不少于3家的保险公司，向其发出询价文件让其报价，由保险公司一次报出不得更改的报价，然后询价小组或采购人在报价的基础上进行比较，并确定最终保险公司的一种采购方式，也就是我们通常所说的货比三家，它是一种相对简单而又快速的采购方式。

询价采购的特点有以下几项。

(1) 邀请报价数量至少为3个。

(2) 对于政府采购项目而言，只允许保险公司提供一个报价。每一保险公司只允许提出一个报价，而且不许改变其报价。不得同某一保险公司就其报价进行谈判。采购合同一

① 资料来源：中国采招网(http://www.bidcenter.com.cn)。

般授予符合采购项目需求的且最低报价的保险公司。

(3) 报价的提交形式，可以采用电传或传真形式。

3. 单一来源采购

单一来源采购是指采购人向特定的一家保险公司采购的一种采购方式。其中政府采购类项目要求，由于不可预见的紧急情况或为了保证一致或配套服务从原保险公司采购的金额不超过原合同金额的 10%。

二、各类采购方式的适用范围

(一) 招标方式的适用范围

招标范围是指招标人必须和可以使用招标方式采购的标的范围。所有工程、货物和服务除特殊情况外，原则上都适用于招标方式采购。服务招标是指招标采购除工程和货物以外的各类社会服务、金融服务、保险服务、科技服务、商业服务等，保险采购是服务的一种，因此原则上也适应于招标方式采购，《招标投标法》及据此制定的《工程建设项目招标范围和规模标准规定》(国家计委〔2000〕第 3 号令)，明确了必须招标和可以免于招标的工程建设项目内容、范围和规模标准。因此，符合上述必须招标的工程建设项目的保险采购，必须采用招标方式。《政府采购法》及相关规章，规定了政府采购必须使用招标方式采购服务的范围。政府采购类的保险采购项目达到必须使用招标方式进行采购的要求时，则必须采用招标方式进行采购。

1. 公开招标的适用范围

公开招标的优点在于能够在最大限度内选择保险公司，竞争性更强，择优率更高，同时也可以在较大程度上避免招标活动中的贿标行为。因此，原则上任何保险采购均可以采取公开招标的形式。

2. 邀请招标的适用范围

邀请招标适用于因涉及国家安全、国家秘密、商业机密、施工工期周期紧迫的保险采购项目；受自然地域环境限制只有少量几家潜在投标人可供选择或条件限制而无法公开招标的保险采购项目；受项目技术复杂和特殊要求限制，且事先已经明确知道只有少数特定的潜在投标人可以响应投标的保险采购项目；或者招标项目较小，采用公开招标方式的招标费用占招标项目价值比例过大的保险采购项目。

小思考 1-1

结合所学内容，从不同角度分析公开招标以及邀请招标的区别，总结优缺点，制作公开招标和邀请招标方式的对比表，范例见表 1-1。

表 1-1 公开招标与邀请招标对比表

对比项目	公开招标	邀请招标
适用范围		
竞争程度		
优点		
缺点		
……		

(二) 非招标方式的适用范围

1. 竞争性谈判的适用范围

针对政府保险采购项目而言，《政府采购法》第 30 条和财政部 18 号令第 43 条明确规定了竞争性谈判采购方式的适用范围。符合下列情形之一的保险采购项目，可以采用竞争性谈判方式。

(1) 招标后没有保险公司投标、没有合格标的或者重新招标未能成立的。

(2) 技术复杂或性质特殊，不能规定详细规格或者具体要求的。

(3) 采用招标所需时间不能满足客户紧急需要的。

(4) 不能事先计算出价格总额的。

(5) 根据财政部第 18 号令第 43 条的规定，投标截止时间结束后参加投标的保险公司不足三家的或在评标期间出现符合专业条件的保险公司或者对招标文件做出实质响应的保险公司不足三家的情形的，经报政府采购监督管理部门批准，可以采用竞争性谈判采购方式。

对于非政府采购的保险采购项目而言，在法律层面并没有规定适用范围，因此原则都可以采用竞争性谈判的方式，针对保险方案相对较为复杂、创新型的产品或者市场上可以承接的保险公司较少的保险采购项目，适合采用竞争性谈判方式进行采购。在实际操作过程中，竞争性谈判是保险采购中最常用的采购方式。

2. 询价采购的适用范围

针对政府保险采购项目而言，询价采购适用范围主要体现在以下两个方面：采购现成的保险服务并非按采购实体的特定或提供的服务；保险采购合同的估计价值低于采购条例规定的数额。

对于非政府采购的保险采购项目而言，在法律层面并没有规定适用范围，由于询价采购方式在保险采购操作中存在一定的局限性，例如询价信息公开面较狭窄，只限于有限少数保险公司，排外现象较严重；询价过于倾向报价，有可能忽视对保险公司资格性审查和服务质量的考察等问题。因此，在保险采购中，针对保险方案相对较为简单，险种较为传统，对后期服务要求相对较低的保险采购项目。

3. 单一来源采购的适用范围

针对政府保险采购项目而言，由于单一来源采购只同唯一的保险公司签订合同，所以就竞争态势而言，采购方处于不利的地位，有可能增加采购成本；并且在谈判过程中容易滋生索贿受贿现象，所以对于这种采购方法，国际规则规定了严格的适用条件。一般而言，这种方法的采用都是出于紧急采购的时效性或者只能从唯一的保险公司取得服务的客观性。

对于非政府采购的保险采购项目而言，在法律层面并没有规定适用范围，通常在实际操作过程中，用于项目规模极小、地域限制较为明显、保险方案固定、险种单一、大多数保险公司均有同质化产品或者对于服务并没有任何要求的保险采购项目。由于此种采购方式局限性太强，因此在实际的保险采购项目中很少用到。

课堂活动 1-2

每 3～5 个同学为一组，通过查找相关资料，在课堂上分享或在同学之间交流：

1. 如何掌握保险采购主要方式。
2. 如何了解各类采购方式适用范围。

本 章 小 结

本章主要介绍了采购、保险采购的基本概念及功能，保险采购方式的基本分类是全书的开篇和基础。

通过本章学习，主要让学生们了解保险采购与传统采购的区别；理解保险采购具有的优势及保险经纪人参与保险采购的重要作用，重点掌握保险采购流程，能根据项目特点判断采用何种采购方式。

知识与技能训练

案例分析

××公司于××年×月接受了中国五金矿产进出口总公司的委托，为其提供保险经纪服务。鉴于××与中国五金矿产进出口总公司的合作承诺，现仅就××在保险价格上为该进出口总公司争取的权益作如下介绍。

中国五金矿产进出口总公司在为职工投保补充养老保险之初，首先通过自己询价的方式，向各保险公司了解了满足其保险条件所需要的保险资金总额，并通过职代会决议的形式决定一次性支出 1.5 亿元提高职工养老保障水平。在聘请××作为保险经纪人后，××与该公司保险工作小组共同努力，通过严格的招投标程序和与保险公司近一个月的谈判过程，选择分红类保险作为投保险种，为中国五金矿产进出口总公司及职工争取了更加全面的保险保障，更符合职工实际需要的服务体系，并且使保险资金投入总量比预计规模减少了近2 000万元。

中国五金矿产进出口公司的保险工作小组成员在保险安排结束后告诉××：最初聘请××作为保险经纪人并不是所有领导都同意，保险工作小组的成员也认为“简单”的养老保险“不需要请经纪人”，但通过与××共同工作两个月后，所有参与此项工作的人员都认为，保险公司的条款和保险条件根本不可能在短时间内充分了解，保险公司的承保条件的真假、虚实也不好轻易甄别，而通过××这些问题都可以迎刃而解，聘请××作为保险经纪人是总公司领导的英明决策。

通过阅读上述案例材料，请回答以下问题：

(1) 通过案例分析询价采购和招标采购的区别是什么？

(2) ××作为保险经纪人在和中国五金矿产进出口公司的合作过程中提供了什么服务？

实训

章节	保险采购概述	项目	采购
工作情景	采购的目标和功能	学时	1
学习小组		指导老师	
具体工作任务： 1. 教师要求学生分别扮演采购工作人员、供应商等角色，引导学生进入各自角色。 2. 教师提问：什么是采购？ 3. 学生分组讨论，选出代表回答。 4. 教师在学生回答的基础上点评并作出总结。 5. 教师评定成绩。			

复习思考题

一、单项选择题

1. 按照采购主体的不同，采购可以分为(　　)。

A. 个人采购、企业采购和政府采购

B. 国内采购和国际采购

C. 工程采购、货物采购和服务采购

2. 为了满足政府机构日常使用需要或为社会公众提供公共服务需要而进行的采购是(　　)。

A. 个人采购　　　　B. 企业采购

C. 政府采购　　　　D. 公共采购

3. 按照交易主体的国别和采购标的物的来源地划分，可以分为(　　)和国际采购。

A. 国内采购　　B. 工程采购

C. 货物采购　　D. 服务采购

4. 采购可分为直接采购和(　　)。

A. 委托　　B. 购买

C. 租赁　　D. 间接采购

5. 询价采购的邀请报价数量至少为(　　)个。

A. 3　　B. 5　　C. 2　　D. 6

6. 依法必须招标项目一般应采用(　　)。

A. 邀请招标　　B. 竞争性谈判

C. 公开招标　　D. 单一来源采购

二、判断题

1. 与个人及企业采购相比，公共采购的采购工具具有多样性及规范性的特点。(　　)

2. 采购制约因素是指各种影响采购目标能否实现的主观因素，包括资金、时间方面的制约等。(　　)

3. 保险采购不仅能使企业得到了全面的保障和专业的服务，同时也降低了企业的风险管理成本，实现多方共赢。(　　)

4. 保险采购可以降低展业成本、提高交易速度，这是基于投保人的角度而言的。(　　)

5. 从投保人的角度看，保险采购有利于提高承保业务的质量。(　　)

6. 公开招标属于非限制性竞争招标，是按照法律程序和招标文件公开的评标方法、标准选择中标人的招标方式。(　　)

7. 邀请招标属于有限竞争性招标，也称选择性招标。(　　)

8. 竞争性谈判是指采购人通过与符合相应资格条件不少于 3 家的保险公司分别谈判，商定价格、条件和合同条款，最后从中确定成交保险公司的采购方式。(　　)

三、多项选择题

1. 按照竞争开放程度，保险采购招标方式主要有(　　)。

A. 公开招标　　B. 邀请招标　　C. 竞争性谈判

D. 询价采购　　E. 单一来源采购

2. 保险采购非招标方式主要有(　　)。

A. 公开招标　　B. 邀请招标　　C. 竞争性谈判

D. 询价采购　　E. 单一来源采购

3. 按照选择交易主体的方式划分，采购可以分为(　　)。

A. 招标　　B. 询价　　C. 订单

D. 磋商　　E. 竞价　　F. 比选

4. 保险采购的流程主要有(　　)环节。
   A. 确定需求　　B. 准备采购　　C. 监督检查
   D. 评标签约　　E. 公开招标
5. 保险采购方要考虑的因素主要有(　　)。
   A. 价格　　B. 服务　　C. 品牌
   D. 信誉　　E. 竞争
6. 采购工具是指(　　)等具体的采购环节相关的方法、程序或格式等。
   A. 采购方式　　B. 评价方式　　C. 评价因素
   D. 竞争方式　　E. 合同类型

四、简述题

1. 什么是采购和采购管理？
2. 实现采购目标的途径有哪些？
3. 如何认识保险采购的功能？
4. 比较保险采购与其他物品采购的异同点。
5. 比较公开招标和邀请招标的异同点。

第二章　保险招标采购实务

课前导读

近几年来保险市场发展迅速，在保险市场规模不断扩大的同时，保险主体的数量也在不断增加，保险公司的选择难度越来越大。目前市场上各类大型项目最常采用，同时也是竞争最为公平、公开的保险采购方式为保险招标采购。本章主要讲述招标采购岗位的工作程序与各环节的相关要求。

保险招投标岗包括保险招标助理岗、保险招标需求受理岗、保险招标计划制订助理岗、保险招标情况分析岗、保险招标文件编写岗、保险招标文件审核岗。

知识学习目标

通过学习本章，应熟悉保险招标采购的适用范围和操作原则，了解保险招标采购的工作程序及相应的工作要求。

能力培养目标

通过对保险招标采购操作原则和工作程序的了解，掌握各个环节的相关要求，能够初步制作保险招标公告，理解资格审查程序，并初步编制招标文件。具体包括以下几项。

1. 掌握招投标管理及合同管理工作流程。
2. 熟悉《保险采购实务》《保险经纪服务》和《保险市场基础知识》的基本理论知识和业务运作流程。
3. 具备良好的部门内和跨部门的组织和协调能力，良好的谈判技巧，人际沟通、团队协助能力。
4. 了解招标采购流程及保险供应商管理。
5. 具有良好的文案撰写能力。
6. 熟练使用 Office 办公软件。

教学重点

1. 招标采购相关法律法规。
2. 保险招标采购作用。
3. 保险招标采购工作规程。

教学难点

1. 保险招标文件编制。
2. 评标办法制定。

引导案例

宜万铁路全线桥隧占线路总长71%，隧道113座，其中10千米以上的隧道3座，隧道总长213.693千米，约占线路总长度的56.69%；桥梁183座，其中190米以上的高桥8座，桥梁总计52 501.33延长米，占线路总长度的13.9%。该项目总投资170多亿元人民币，工程浩大、造价奇高、难度空前，为科学、有效地安排保险，某保险经纪公司在接受铁道部工程管理中心(以下简称“工管中心”)委托后，立即与工管中心的有关领导进行多次座谈、沟通，查阅工程设计文件，分析整个工程面临的各种风险，并组织风险管理工程师赴现场风险勘查，掌握了大量的第一手资料，对风险的了解翔实而充分，为合理化安排保险提供了数据基础。同时，通过一整套完整的保险招投标，为工管中心争取到了最大的保险利益和较全面的保险保障。

招标是一种有序的市场竞争交易方式，也是规范选择交易主体、订立交易合同的法律程序。我国招标投标制度既是改革开放的产物，又是规范社会主义市场竞争秩序的要求，为优化资源配置、提高经济效益、规范市场行为、构建防腐倡廉体系等方面发挥了重要作用，并随着招标投标法律体系的健全而逐步完善。

第一节　招标相关法律法规简介

一、招标投标制度现状

1. 招标投标法律体系的基本形成

在总结我国招标投标工作近30年经验、教训，吸收借鉴国外通行做法的基础上，《招标投标法》确立了招标投标基本制度的主要程序和内容。但它只规定了相对原则，可操作性并不强。

《招标投标法》颁布后，国务院各部门和各地方政府加快了配套法规的制定步伐，出台了大量的地方性法规、部门规章和地方政府规章。目前，招标投标程序的各个环节、各个方面都有了比较详细的操作规则，较好地满足了不同地区、不同行业、不同项目招标投标活动的需要，招标投标法律体系基本形成。针对一些地方、部门出台的招标投标规则与《招标投标法》不一致甚至有冲突的问题，按照国务院要求，国家发展和改革委员会、国务院法制办组织开展了大规模的招标投标法规清理工作，废止了一批与上述法律不符的招标投标文件，有力地促进了招标投标法律制度的统一。

2. 建立了符合国情的监管体制

国务院办公厅印发《关于国务院有关部门实施招标投标行政监督职责分工的意见》，确立了国家发展和改革委员会总体指导协调、各行业和专业部门分工协作的行政监管体制。各地方也明确了招标投标行政监督职责分工。《政府采购法》也明确了政府采购招标投标的监督职能分工。为了避免政出多门，加强协调、形成合力，国家发展和改革委员会牵头建立由 11 个部委组成的部际协调机制，全国 10 多个省市也建立了招标投标部门联席会议制度，个别地方还统一了行政监督机构。发展改革部门与其他部门密切配合，努力创新监管方式，成立招标投标协会，探索实施诚信制度，加强行业自律，奖优罚劣，净化招标投标市场。各行政监督部门还通过监督检查、项目稽查和受理投诉举报等多种方式，不断加强对招标投标活动的监督管理，有效查处违法行为，确保各项招标投标制度落到实处。

3. 招标投标市场迅速发展

根据《招标投标法》的规定，大型基础设施、公用事业等关系社会公共利益、公众安全的项目，全部或部分使用国有资金投资及国家融资的项目，以及使用国际组织或外国政府贷款、援助资金的项目，包括项目勘查设计、施工、监理、金融保险、重要设备材料采购，都必须进行招标。据不完全统计，建筑、交通、水利水电等行业依法必须招标项目的招标率均达到 90%以上。不仅如此，一些部门、地方和项目业主，还主动将招标投标扩大到项目选址、项目融资、聘请工程咨询机构、选择代建单位等工程建设的方方面面，以及土地使用权、探矿权招标，药品集中采购招标，中小学教材出版发行招标等领域，大大扩展了招标投标范围。通过招标投标达成的交易金额不断增加，全国专业从事招标代理的机构达 5 000 余家，从事招标采购的专业人员上百万，招标投标已经成为发展最为迅速的行业之一。

4. 采购质量和资金使用效率明显提高

随着招标投标制度的不断完善，行政监督力度逐步加大，招标投标行为日趋规范，过去长期影响招标投标市场健康发展的规避招标、泄露标底、政企不分、行业垄断、条子工程等违法违规现象得到了遏制。与此同时，项目业主不断改进和加强采购管理，大胆探索实行电子招标、无标底招标、集团集中招标等新的采购模式。招标行为的规范及采购模式的创新大大提高了采购的质量和效率，不同程度地预防了权钱交易、行贿受贿等腐败行为的发生。据测算，通过招标节约的建设投资一般在 10%～15%，有的地方和行业甚至更高。

5. 企业竞争能力不断增强

《招标投标法》规定，招标投标活动不受地区和部门的限制。其中，国家重点项目、地方重点项目，以及全部使用国有资金投资或国有资金投资占控股或主导地位的项目，除经批准采用邀请招标方式外，都必须实行公开招标；采取邀请招标的，也应当向 3 个以上合格的法人或其他组织发出投标邀请书。这些规定和要求，一方面打破了长期以来形成的条块分割、地方封锁和部门垄断，为企业提供了平等竞争的环境和机遇；另一方面，也迫使企业从过去依靠行政分配任务的习惯中走出来，通过不断提高自身竞争能力以求得生存与发展。目前，市场开放已成为一切交易活动的基础，竞争意识逐步深入人心，通过招标不仅促进了生产要素的合理流动和有效配置，也培养了一大批具有国际竞争力的企业。

补充阅读 2-1

电子招标

随着招标采购方式的广泛应用和电子网络技术的飞速发展，电子招标已经成为必然趋势。为了规范企业招标采购管理，浙江省电力公司五年来成功运用电子网络实施集中招标采购，为我国电子招标采购领域提供了一个成功案例。

一、电子招标系统概述

浙江省电力公司电子招标系统通过互联网运行，为规范公司集中招标采购活动的外部交易和内部管理构建了统一服务平台，其主要功能和技术特点如下。

(1) 集成了招投标项目计划管理、招投标网上作业、评标专家管理和抽取、计算机辅助评标、信息档案、统计分析等多个功能模块。

(2) 按照招投标相关法律规范，实现了项目建立、公告发布浏览、投标人资格审查、招标文件下载、在线澄清答疑、网上接受投标文件、网上视频开标、评标结果公示等招标工作全过程的网上作业。

(3) 采用工业和信息化部认证的第三方 CA 认证服务，实现电子签名、身份认证和关键数据加密系统，并采用 SSL 数据传输加密方案，实现了电子招标各个环节的合法合规、安全保证。

(4) 系统采用标准的物资编码、开放的 J2EE 技术体系和 FRESHPOWER 平台，面向 SOA 的架构设计，实现了系统的稳定、可靠，并实现上下贯通和横向集成。

二、电子招标的应用效果

电子招标系统流程规范、功能实用、操作简便，满足实际业务和管理需要，在应用中获得了较好的效果。

1. 实现货物和工程建设项目阳光采购

电子招标提高了信息透明度，通过建立信息档案库，改善了参与各方的信息对称性；促进了招投标业务流程进一步规范，可以避免招投标活动中许多人为干扰因素和弄虚作假行为，进一步贯彻了“三公”原则。招投标管理和监督部门则可以通过专用账号，随时掌握招标项目动态，为规范和转变招标投标工作的监督方式提供了技术手段。

2. 降低招标采购成本

招标文件、投标文件实现电子化；开标采用网络直播，不再需要投标人亲临开标现场；评标采用电子化，提高了评标效率。投标人、招标人所负担的差旅费、运输费、印刷费、会议费等也能相应降低，从而降低了采购成本。同时，采用电子化招投标文件，大大减少了纸张使用，有利于促进节能减排、环境保护和资源节约。

3. 促进招投标工作的集约化管理

首先，电子招标系统在企业内部实现供应商、评标专家、招标信息等数据资源共享，有利于集中统计分析，最大限度地挖掘数据资产的价值。其次，系统提供人性化的操作方式，将很多高强度的手工劳动用计算机来代替，降低了人为失误的可能性，使业务操作更加便捷和有效。

4. 提高处理突发事件的应急反应能力

招投标全过程的业务操作和信息传递都在网上进行，在提高工作效率的同时，降低了恶劣气候、自然灾害等意外事件对招投标工作的影响，提升了各方业务操作的抗风险能力。招标、评标过程中一旦发生需要各方紧急处理的事件，也可通过网络方便、快捷地解决。

二、《中华人民共和国招标投标法》及《中华人民共和国招标投标法实施条例》

案例 2-1

大连临空产业园填海造地工程保险方案

采购项目

（项目编号：DLKGJS-2013-02）

招 标 文 件

招　标　人：大连空港建设发展有限公司（公章）

招标代理人：大连机械设备成套公司（公章）

日　　期：二〇一四年三月

目 录

(资料来源：中国采招网.)

案例启示

通过案例可以看出保险招标文件有自身特有的架构和体例，投标邀请、投标人须知、投标资料的编写、评标办法等内容构成，招标投标的整个流程均在文件中有所体现。招标投标作为一个整体概念，两者相辅相成，缺一不可。同时，为了满足潜在投标人对项目的了解，不同的保险招标在组成要素和具体内容上有一定差异，并且各具特色。

1999 年 8 月 30 日，第九届全国人民代表大会常务委员会第十一次会议审议通过了我国第一部《招标投标法》，自 2000 年 1 月 1 日起施行。2000 年的《招标投标法》共分 6 章、68 条，除总则和附则外，分别对招标、投标、开标、评标、中标，以及招标投标活动中各方当事人的法律责任进行了规定。

2000 年 1 月 1 日起实施的《招标投标法》虽然对规范招标投标活动的规则及招标投标的市场发挥了重要作用，但是随着市场经济的不断发展，许多新情况、新现象、新问题也不断出现在招标投标活动中，《招标投标法》中的一些规定较为原则化，缺乏具体准确的规范。我国作为大陆法系成员国家，判例不能成为法官作出裁量或判决的依据，因此，为了进一步规范招标投标活动，加强对招标投标活动的监督，保护国家利益、社会公共利益和招标投标活动当事人的合法权益，国务院常务会议于 2011 年 11 月 30 日审议通过了《中华人民共和国招标投标法实施条例》(以下简称《实施条例》)，自 2012 年 2 月 1 日起施行。《实施条例》共分 7 章、85 条，除总则和附则外，分别对招标、投标、开标、评标、中标、投诉与处理，以及招标投标活动中各方当事人的法律责任进一步进行了明确规定。

以下就《招标投标法》及《实施条例》中的重点内容做简要介绍。

1. 适用范围

《招标投标法》第二条规定："在中华人民共和国境内进行招标投标活动，适用本法。"因此，保险合同的招投标必须遵守《招标投标法》。

2. 基本原则

我国《招标投标法》第五条规定了招标投标活动中应当遵循的基本原则，即公开、公平、公正和诚实信用的原则。

1) 公开原则

所谓公开主要是指在招标投标活动中，招标活动的信息要公开，开标的程序要公开，评标的标准和程序要公开，中标的结果要公开。

2) 公平原则

招标投标活动中，要求招标人严格按照法律规定及招标文件规定的条件和程序进行招标，平等地对待每一个潜在投标人，不应以多重标准要求不同的潜在投标人，不得厚此薄彼，依法必须进行招标的项目，其招标投标活动不受地区或者部门的限制。

3) 公正原则

招标活动中的所有参与者行为均应当公正，特别是招标人。在评标时，评标标准应当明确、严格，对所有投标人一视同仁，实行统一标准。

4) 诚实信用原则

诚实信用是民事主体进行民事活动的基本原则之一，招标投标活动作为市场经济的产物，是以订立采购合同为目的的，应当秉承这一市场经济的行为准则。招标投标活动的当事人应当本着主观善意心理，诚实守信，不得故意隐瞒事实真相，不得言而无信、弄虚作假，保证交易安全，促进市场繁荣。

3. 招标投标特性

招标投标具有以下特性。

1) 竞争性

有序竞争，优胜劣汰，优化资源配置，提高社会和经济效益。这是社会主义市场经济的本质要求，也是招标投标的根本特性。

2) 程序性

招标投标活动必须遵循严密规范的法律程序。《招标投标法》及相关法律政策，对招标人从确定招标采购范围、招标方式、招标组织形式直至选择中标人并签订合同的招标投标全过程每一环节的时间、顺序都有严格、规范的限定，不能随意改变。任何违反法律程序的招标投标行为，都可能侵害其他当事人的权益，必须承担相应的法律后果。

3) 规范性

《招标投标法》及相关法律政策，对招标投标各个环节的工作条件、内容、范围、形式、标准，以及参与主体的资格、行为和责任都作出了严格的规定。

4) 一次性

投标要约和中标承诺只有一次机会，且密封投标，双方不得在招标投标过程中就实质性内容进行协商谈判，讨价还价，这也是与询价采购、谈判采购的主要区别。

5) 技术经济性

招标采购或出售标的都具有不同程度的技术性，包括标的使用功能和技术标准、建造、生产和服务过程的技术及管理要求等；招标投标的经济性则体现在中标价格是招标人预期投资目标和投标人竞争期望值的综合平衡。

4. 招标投标作用

(1) 优化社会资源配置和项目实施方案，提高招标项目的质量、经济效益和社会效益；推动投融资管理体制和各行业管理体制的改革。

(2) 促进投标企业转变经营机制，提高企业的创新活力，提高技术和管理水平，提高企业生产、服务的质量和效率，不断提升企业市场信誉和竞争能力。

(3) 维护和规范市场竞争秩序，保护当事人的合法权益，提高市场交易的公平和可信度，促进社会和企业的法治、信用建设，促进政府转变职能，提高行政效率，健全现代市场经济体系。

(4) 有利于保护国家和社会公共利益，保障合理、有效地使用国有资金和其他公共资金，防止浪费和流失，构建从源头预防腐败交易的监督制约体系。

5. 招标相关规定

1) 招标人

《招标投标法》第八条规定："招标人是依照本法规定提出招标项目、进行招标的法人或者其他组织。"

2) 招标条件

《招标投标法》第九条规定："招标项目按照国家有关规定需要履行项目审批手续的，应当先履行审批手续，取得批准。招标人应当有进行招标项目的相应资金或者资金来源已经落实，并应当在招标文件中如实载明。"《实施条例》第七条规定："按照国家有关规定需要项目审批、核准手续的依法必须进行招标的项目，其招标范围、招标方式、招标组织形式应当报项目审批、核准部门审批、核准。项目审批、核准部门应当及时将审批、核准确定的招标范围、招标方式、招标组织形式通报有关行政监督部门。"

3) 招标方式

根据《招标投标法》第十条的规定，招标分为公开招标和邀请招标。公开招标是指招标人以招标公告的方式邀请不特定的法人或其他组织参加投标，即允许所有符合招标公告或资格预审公告规定条件的潜在投标人参加竞争。邀请招标，是指招标人以投标邀请书的方式邀请特定的法人或其他组织参加投标，即只允许受到招标人发出的投标邀请的潜在投标人参加投标竞争。

4) 招标组织形式

根据《招标投标法》第十二条的规定，招标组织形式分为自行招标与委托招标。"招标人有权自行选择招标代理机构，委托其办理招标事宜。任何单位和个人不得以任何方式为招标人指定招标代理机构。招标人具有编制招标文件和组织评标能力的，可以自行办理招标事宜。任何单位和个人不得强制其委托招标代理机构办理招标事宜。依法必须进行招标的项目，招标人自行办理招标事宜的，应当向有关行政监督部门备案。"

5) 招标代理机构

根据《招标投标法》第十三条第一款规定："招标代理机构是依法设立、从事招标代理业务并提供相关服务的社会中介组织。"

6) 招标公告和投标邀请书

招标公告是指招标人采用公开招标方式进行采购，通过公共媒介向所有潜在投标人发出广泛通告，目的在于使得潜在投标人获得公平竞争的机会。根据《招标投标法》第十七条第一款规定："招标人采用邀请招标方式的，应当向三个以上具备承担招标项目的能力、资信良好的特定的法人或者其他组织发出投标邀请书。"

7) 资格审查

《招标投标法》第十八条规定："招标人可以根据招标项目本身的要求，在招标公告或者投标邀请书中，要求潜在投标人提供有关资质证明文件和业绩情况，并对潜在投标人进行资格审查；国家对投标人的资格条件有规定的，依照其规定。"

8) 招标文件

招标文件是招标投标活动中最重要的法律文件，不仅规定了完整的招标程序，而且还提出了各项具体的技术标准和交易条件，规定了拟订立的合同的主要内容，是投标人准备投标文件和参加投标的依据，评审委员会评标的依据，也是拟订合同的基础。

6. 投标相关规定

1) 投标人

《招标投标法》第二十五条规定："投标人是响应招标、参加投标竞争的法人或者其他组织。"

2) 投标人条件

《招标投标法》第二十六条规定："投标人应当具备承担招标项目的能力；国家有关规定对投标人资格条件或者招标文件对投标人资格条件有规定的，投标人应当具备规定的资格条件。"

3) 投标文件

《招标投标法》第二十七条规定："投标人应当按照招标文件的要求编制投标文件。投标文件应当对招标文件提出的实质性要求和条件作出响应。"

4) 联合体投标

《招标投标法》第三十一条规定："两个以上法人或者其他组织可以组成一个联合体，以一个投标人的身份共同投标。"

5) 投标限制性规定

对投标的限制分为对投标人的限制和对投标行为的限制。对投标人的限制，《实施条例》第三十四条作出了明确规定，即对于与招标人有利害关系的投标人在可能影响投标公正性的前提下，对于单位负责人为同一人的投标人及对于存在控股和管理关系的投标人等，作出了投标限制的规定。对于投标行为的规范，主要有对禁止串通投标、禁止投标行贿、禁止低于成本竞标、禁止虚假竞标等相关规定。

7. 开标相关规定

1) 开标时间和地点

开标时间和地点应当在提供给所有投标人的招标文件中事先确定，使所有投标人都能事先知道开标的准确时间和地点，以及计划投标工作进度，以便届时参加开标，并确保开标过程的公开、透明。

2) 开标参加人

《招标投标法》第三十五条规定："开标由招标人主持，邀请所有投标人参加。"招标人自行办理招标事宜的，应自行主持开标；招标人委托招标代理机构办理招标事宜的，可以由招标代理机构按照其与招标人订立的《委托招标合同》的约定负责主持开标活动。对依法必须进行招标的项目，相关行政监督机关可以派人参加开标以监督开标过程严格按照法定程序进行，但是，行政监督机关不得代替招标人或招标代理机构主持开标。

招标人应邀请所有投标人参加开标，以确保开标在所有投标人的参与和监督下，按照公开、透明的原则进行，以避免在开标过程中可能发生暗箱操作的风险。参加开标是每一个投标人的法定权利，招标人不得以任何理由排斥、限制任何投标人参加开标。

3) 开标程序与要求

《招标投标法》第三十六条规定："开标时，由投标人或者其推选的代表检查投标文件的密封情况，也可以由招标人委托的公证机构检查并公证；经确认无误后，由工作人员当众拆封，宣读投标人名称、投标价格和投标文件的其他主要内容。招标人在招标文件要求提交投标文件的截止时间前收到的所有投标文件，开标时都应当当众予以拆封、宣读。开标过程应当记录，并存档备查。"

8. 评标相关规定

1) 评标委员会组成及成员资格

《招标投标法》第三十七条规定："评标由招标人依法组建的评标委员会负责。依法必须进行招标的项目，其评标委员会由招标人的代表和有关技术、经济等方面的专家组成，成员人数为五人以上单数，其中技术、经济等方面的专家不得少于成员总数的三分之二。前款专家应当从事相关领域工作满八年并具有高级职称或者具有同等专业水平，由招标人从国务院有关部门或者省、自治区、直辖市人民政府有关部门提供的专家名册或者招标代理机构的专家库内的相关专业的专家名单中确定；一般招标项目可以采取随机抽取方式，特殊招标项目可以由招标人直接确定。与投标人有利害关系的人不得进入相关项目的评标委员会，已经进入的应当更换。评标委员会成员的名单在中标结果确定前应当保密。"《实施条例》第四十五条规定："国家实行统一的评标专家专业分类标准和管理办法，具体标准和办法由国务院发展改革部门会同国务院有关部门制定。省级人民政府和国务院有关部门应当组建综合评标专家库。"第四十六条规定："除招标投标法第三十七条第三款规定的特殊招标项目外，依法必须进行招标的项目，其评标委员会的专家成员应当从评标专家库内相关专业的专家名单中以随机抽取方式确定。任何单位和个人不得以明示、暗示等任何方式指定或者变相指定参加评标委员会的专家成员。"

2) 评标委员会基本准则

《招标投标法》第四十四条规定："评标委员会成员应当客观、公正地履行职务，遵守职业道德，对所提出的评审意见承担个人责任。评标委员会成员不得私下接触投标人，不得收受投标人的财物或者其他好处。评标委员会成员和参与评标的有关工作人员不得透露对投标文件的评审和比较、中标候选人的推荐情况以及与评标有关的其他情况。"

3) 评标过程保密且不受非法干预与影响

《招标投标法》第三十八条规定："招标人应当采取必要的措施，保证评标在严格保密的情况下进行。任何单位和个人不得非法干预、影响评标的过程和结果。"

4) 投标人对投标文件的澄清

《招标投标法》第三十九条规定："评标委员会可以要求投标人对投标文件中含义不明确的内容作必要的澄清或者说明，但是澄清或者说明不得超出投标文件的范围或者改变投标文件的实质性内容。"《实施条例》第五十二条规定："投标文件中有含义不明确的内容、明显文字或者计算错误，评标委员会认为需要投标人作出必要澄清、说明的，应当书面通知该投标人。投标人的澄清、说明应当采用书面形式，并不得超出投标文件的范围或者改变投标文件的实质性内容。评标委员会不得暗示或者诱导投标人作出澄清、说明，不得接受投标人主动提出的澄清、说明。”

5) 评标标准与评标结果

《招标投标法》第四十条规定：“评标委员会应当按照招标文件确定的评标标准和方法，对投标文件进行评审和比较；设有标底的，应当参考标底。评标委员会完成评标后，应当向招标人提出书面评标报告，并推荐合格的中标候选人。招标人根据评标委员会提出的书面评标报告和推荐的中标候选人确定中标人。招标人也可以授权评标委员会直接确定中标人。国务院对特定招标项目的评标有特别规定的，从其规定。”《实施条例》第四十九条规定：“评标委员会成员应当依照招标投标法和本条例的规定，按照招标文件规定的评标标准和方法，客观、公正地对投标文件提出评审意见。招标文件没有规定的评标标准和方法不得作为评标的依据。评标委员会成员不得私下接触投标人，不得收受投标人给予的财物或者其他好处，不得向招标人征询确定中标人的意向，不得接受任何单位或者个人明示或者暗示提出的倾向或者排斥特定投标人的要求，不得有其他不客观、不公正履行职务的行为。”《实施条例》第五十三条规定：“评标完成后，评标委员会应当向招标人提交书面评标报告和中标候选人名单。中标候选人应当不超过三个，并标明排序。评标报告应当由评标委员会全体成员签字。对评标结果有不同意见的评标委员会成员应当以书面形式说明其不同意见和理由，评标报告应当注明该不同意见。评标委员会成员拒绝在评标报告上签字又不书面说明其不同意见和理由的，视为同意评标结果。”

6) 否决所有投标

《招标投标法》第四十二条规定：“评标委员会经评审，认为所有投标都不符合招标文件要求的，可以否决所有投标。依法必须进行招标的项目的所有投标被否决的，招标人应当依照本法重新招标。”

9. 中标相关规定

1) 中标条件

《招标投标法》第四十一条规定：“中标人的投标应当符合下列条件之一：能够最大限度地满足招标文件中规定的各项综合评价标准；能够满足招标文件的实质性要求，并且经评审的投标价格最低；但是投标价格低于成本的除外。”

2) 中标通知书及其效力

《招标投标法》第四十五条规定：“中标人确定后，招标人应当向中标人发出中标通知书，并同时将中标结果通知所有未中标的投标人。中标通知书对招标人和中标人具有法律效力。中标通知书发出后，招标人改变中标结果的，或者中标人放弃中标项目的，应当依法承担法律责任。”

3) 签订中标合同与履约保证金

《招标投标法》第四十六条规定：“招标人和中标人应当自中标通知书发出之日起三十日内，按照招标文件和中标人的投标文件订立书面合同。招标人和中标人不得再行订立背离合同实质性内容的其他协议。招标文件要求中标人提交履约保证金的，中标人应当提交。”

十、成交信息

1. 成交供应商名称：C 公司

2. 成交供应商地址：略

3. 成交金额

表 2-2　成交信息一览表

<table>
<tr><th>保险种类</th><th>保险费率</th><th>每人投保金额</th><th>承保人数/车辆</th><th>保险金额或累计赔偿限额</th><th>每次事故免赔额</th><th>总保险费</th></tr>
<tr><td>死亡、伤残</td><td>0.02%</td><td rowspan="3">30 元</td><td rowspan="3">11 人×466 辆</td><td>13 万元</td><td>无</td><td rowspan="3">153 780.00 元(总保费不变，扩展承保每车 1 人全年龄段乘客相同意外保障)</td></tr>
<tr><td>医疗费</td><td>0.02%</td><td>5 万元</td><td>每次事故免赔额 100 元，赔偿比例 100%</td></tr>
<tr><td>医疗费免赔条件</td><td>100 元免赔</td><td></td><td></td></tr>
</table>

请成交单位务必在成交通知书发出之日起三十日内带齐有关文件与公共交通总公司签订合同，并在签署合同之前依照采购文件中《成交服务费承诺书》的承诺向采购代理机构缴纳成交服务费。

十一、联系事项：略

(资料来源：中国采招网.)

案例启示

通过案例可以看出政府保险采购有其特殊性，其中最为突出的就是评标方法。案例中采用了最低价的评标方法，因此推荐成交候选供应商的排序应当按投标报价由低到高的顺序排列。投标报价相同的，按技术指标优劣顺序排列。对于政府采购而言，招标具有更加严格的限制。例如，选择不同的采购方式就要有相对应的评标方法。

2002 年 6 月，九届全国人大常委会第二十八次会议审议通过了《政府采购法》，自 2003 年 1 月 1 日起正式实施。《政府采购法》是政府采购工作的基本法，从此我国政府采购工作步入了法制化轨道。

2002 年颁布的《政府采购法》共分 9 章、88 条，除总则和附则外，分别对政府采购当事人、政府采购方式、政府采购程序、政府采购合同、质疑与投诉、监督检查和法律责任分章作出了规定。

政府采购是指各级国家机关、事业单位和团体组织，使用财政性资金，依据《政府采购法》及有关规定采购货物、工程和服务的行为。其中包含政府保险采购项目。

(一) 政府采购的范围和管理

1. 政府采购的范围

《政府采购法》从采购主体、采购资金、采购类别、采购形式、采购地域等诸多方面，对政府采购的范围作了界定。

(1) 采购主体范围。政府采购活动中的采购主体包括各级国家机关、事业单位和团体组织。

(2) 采购资金范围。采购人全部或部分使用财政性资金进行采购的，属于政府采购的管理范围。财政性资金包括预算资金、预算外资金和政府性基金。

(3) 标的范围。政府采购标的包括货物、工程和服务，政府采购工程进行招标投标的，适用《招标投标法》。

(4) 契约形式。政府采购是指政府以合同形式有偿取得货物、工程和服务的行为。

(5) 地域范围。我国政府采购法律管辖的地域范围，是指在中华人民共和国境内从事的政府采购活动。

2. 政府采购限额标准

政府采购限额标准包括纳入政府采购管辖的最低限额标准和公开招标的标准，超过此标准就应依法纳入政府采购管理程序。

政府采购的最低限额标准和公开招标限额标准，属于中央预算的政府采购项目，由国务院规定；属于地方预算的政府采购项目，由省、自治区、直辖市人民政府规定。

《政府采购法》实施以来，国务院办公厅公布的中央预算单位政府采购管辖的最低限额标准为：货物和服务单项或批量为 50 万元，工程为 60 万元；公开招标限额标准为：货物和服务单项或批量为 200 万元，工程为 200 万元。在实践中，国务院办公厅会不定期地公布中央预算单位政府采购管辖的最低限额标准。

3. 政府采购管理

各级人民政府财政部门依法履行对政府采购活动的监督管理。其中，政府采购工程的招标投标监督管理依据《招标投标法》及其相应的监督管理规定执行。

(二) 政府采购的基本原则和特点

1. 政府采购基本原则

政府采购采取公开透明、公平竞争、公正和诚实信用的原则。

2. 政府采购特点

(1) 政府采购资金来源的公共性。
(2) 政府采购的强制性。
(3) 政府采购的政策性。
(4) 政府采购的经济性和非营利性。

3. 政府采购方式

我国《政府采购法》规定了政府采购方式包括公开招标、邀请招标、竞争性谈判、单一来源采购、询价和国务院政府采购监督管理部门认定的其他采购方式。

(1) 公开招标。公开招标是指采购人以招标公告的方式广泛邀请不特定供应商(或承包商，下同)参加投标。公开招标是政府采购的主要采购方式。

(2) 邀请招标。邀请招标是指采购人依法从符合相应资格条件的供应商中随机邀请 3

家以上供应商，并以投标邀请书的方式邀请其参加投标。

(3) 竞争性谈判。竞争性谈判是指采购人通过与符合相应资格条件的不少于 3 家的供应商分别谈判，商定价格、条件和合同条款，最后从中确定成交供应商的采购方式。

(4) 询价。询价是采购人从符合相应资格条件的供应商名单中确定不少于 3 家的供应商，向其发出询价通知书让其报价，最后从中确定成交供应商的采购方式。但政府采购保险不适用询价方式。

(5) 单一来源采购。单一来源采购是指采购人直接与唯一的供应商进行谈判，签订合同的采购方式。

(6) 其他政府采购方式。其他政府采购方式是指国务院政府采购监督管理部门认定的除以上 5 种采购方式以外的其他政府采购方式。

4. 政府采购实施条件

政府采购项目及其资金计划必须编入年度政府预算，并经本级财政部门和人大审核批准方可实施。未编报政府采购实施计划的临时性采购项目或追加预算的采购项目，由采购人提出申请说明，经财政部门按照职责权限批准后，才能组织实施。

5. 政府采购程序

(1) 确定采购需求。
(2) 确定采购组织形式。
(3) 确定采购方式。
(4) 组织采购活动。
(5) 采购合同的签订、履约和验收。
(6) 申请支付采购资金。
(7) 政府采购文件的保存。

6. 政府采购废标情况

政府采购项目公开招标和邀请招标如果出现以下特定的情形，应予废标(招标无效)。
(1) 符合专业条件的供应商或者对招标文件作实质响应的供应商不足 3 家的。
(2) 出现影响采购公正的违法、违规行为的。
(3) 投标人的报价均超过了采购预算，采购人不能支付的。
(4) 因重大变故，采购任务取消的。

政府采购项目的废标规定为采购人在特殊情况下保护公共利益和维护自身权益提供了保障手段。废标后，采购人应当将废标理由通知所有投标人。

课堂活动 2-1

每 3～5 个同学为一组，分组讨论以下内容：
1. 中华人民共和国招标投标法及实施条例。
2. 中华人民共和国政府采购法。

第二节　保险采购操作规程

一、招标采购基本程序

（一）招标准备

1. 判断招标人资格能力条件

保险采购招标人是提出保险招标项目，发出招标要约邀请的法人或其他组织，其资格能力条件受相关法律法规的严格限制。招标人应满足《招标投标法》第十二条的规定，具有编制招标文件和组织评标能力，根据保险招标采购需求目标、特点，依法选择招标组织形式和招标方式，并按照法律法规规定的条件、程序、方法和标准组织实施招标，择优选择保险公司。

2. 制订保险招标工作总体计划

根据政府、企业采购需要或项目实施进度要求，制订保险招标采购总体计划，明确招标采购内容、范围和时间。

3. 确定保险招标组织形式

保险招标有自行组织招标、委托代理招标两种主要形式可供选择。

(1) 自行组织招标。招标人有权自行选择招标代理机构，委托其办理招标事宜。任何单位和个人不得以任何方式为招标人指定招标代理机构。招标人具有编制招标文件和组织评标能力的，可以自行办理招标事宜。任何单位和个人不得强制其委托招标代理机构办理招标事宜。依法必须进行招标的项目，招标人自行办理招标事宜的，应当向有关行政监督部门备案。采购人符合下列条件的，可以自行组织招标。

① 具有独立承担民事责任的能力。

② 具有编制招标文件和组织招标的能力，有与采购招标项目规模和复杂程度相适应的技术、经济等方面的采购和管理人员。

③ 采购人员经过省级以上人民政府财政部门组织的政府采购培训。

采购人不符合前款规定条件的，必须委托采购代理机构代理招标。采购人自行组织招标的，应当在评标结束后 5 个工作日内确定中标供应商。

(2) 委托代理招标。招标人可根据招标项目的行业和专业类型、规模标准，选择具有相应资格的招标代理机构或保险经纪公司，委托其代理招标采购业务。

招标代理机构或保险经纪公司应当遵循依法、科学、客观、公正的要求，并坚决抵制虚假招标、规避招标、串标围标、倾向或排斥投标人以及商业贿赂等违法行为，依法保护招标人的合法权益，维护国家和社会公共利益，不损害投标人的正当权益。

招标采购由于专业化、社会化的中介机构代理服务，既有利于沟通协调市场主体之间的关系，维护招标采购的“三公”(公平、公正、公开)原则和市场竞争秩序，抵制不正当的招标投标行为，又有利于提高招标采购的专业水平，从而有效提高招标采购工作的质量和效率。

补充阅读 2-2

招标代理合同

招标人与招标代理机构应当签订委托招标代理的书面合同，明确委托招标代理的内容范围、权限、义务和责任，并报有关行政监督部门备案。招标代理机构不得无权代理、越权代理和违法代理，不得接受同一招标项目的投标咨询服务。委托招标代理合同主要包括以下几方面内容。

(1) 委托代理范围。招标人应在合同中明确委托招标代理机构开展招标代理服务的内容、范围和权限。委托代理服务的范围可以包括以下全部或部分工作内容：招标前期准备策划、制定招标方案、编制发售资格预审公告和资格预审文件，协助招标人组织资格评审、确定投标人名单，编制发售招标文件，组织投标人勘查现场、答疑、组织开标，配合招标人组建评标委员会，协助评标委员会完成评标与评标报告、确定中标候选人并办理公示，协助招标人定标并向中标人发出中标通知书，协助招标人拟订和签订中标合同，协助招标人向招标投标监督部门办理有关招标投标的报告、核准或备案手续；解答或协助处理投标人和其他利害关系人提出的异议、投诉，配合监督部门调查违法行为；招标人委托的其他服务工作。

(2) 代理期限。合同应明确招标人委托代理机构开展委托代理范围工作的起止时间。

(3) 双方的权利和义务。合同应明确双方的权利、义务和承担的责任。

(4) 服务费用的标准和支付。合同应明确服务收费项目、收费标准、支付方式和时间。其中招标人委托招标代理机构开展招标代理服务的，服务收费应该依据原国家计委印发的《招标代理服务收费管理暂行办法》(计价格〔2002〕1980 号)和 2003 年 9 月 15 日《国家发展改革委办公厅关于招标代理服务收费有关问题的通知》(发改办价格〔2003〕857 号)。利用外资贷款项目的代理服务收费依据财政部、商务部的有关规定。合同还应明确招标代理服务中发生的各项相关费用的承担者和支付方式。

(5) 其他。合同的变更、解除、违约责任，以及合同履行中发生争议的解决办法等。

4. 落实招标基本条件

(1) 保险项目招标人应当符合相应的资格条件。

(2) 根据保险项目本身的性质、特点应当满足保险招标和组织实施必需的资金、技术条件、管理机构和力量、保险项目实施计划和法律法规规定的其他条件。

(3) 保险项目招标的内容、范围、条件、招标方式和组织形式，需要相关部门批准的保险采购项目，确保已经有关项目审批部门或招标投标监督部门核准，并完成法律、法规、规章规定的项目规划、审批、核准或备案等实施程序。

5. 编制招标方案

为了有序、有效地组织实施招标采购工作，招标人应根据保险招标项目的特点和自身需求，依据有关规定编制招标方案，确定保险招标内容范围、组织形式、招标方式、合同类型，投标人资格条件，安排招标工作目标、顺序和计划，分解招标工作任务，落实需要的资源、技术与管理条件。

补充阅读 2-3

招标公告(范例)

根据××市财政局的工作安排，某市政府采购中心(以下简称“政府采购中心”)2012 年度某市党委、人大、政府、政协、纪检委等公务车辆保险实施公开招标采购，符合条件的保险公司均可报名参加本次公开招标。

(一) 采购项目

××市党委、人大、政府、政协、纪检委等公务车辆保险。

(二) 采购方式

依据《政府采购法》的规定，经××市财政局批准，本次采购采用公开招标的方式进行。

(三) 公开招标文件

1. 文件编号：NHZFCG201139。

2. 项目名称：××年度××市五大班子公务车辆保险。

3. 公开招标内容：××年度××市党委、人大、政府、政协、纪检委等公务车辆保险。本次车辆保险合同期限为一年，即××年×月×日至××年×月×日。

(四) 投标人资格要求

1. 具有独立承担民事责任的能力。

2. 具有良好的商业信誉和健全的财务会计制度。

3. 具有履行合同所必需的设备和专业技术能力。

4. 有依法缴纳税收和社会保障资金的良好记录。

5. 参加政府采购活动前三年内，在经营活动中没有重大违法记录。

6. 注册地在中华人民共和国境内，在××市范围内有营业网点。

7. 严格执行《中华人民共和国政府采购法》《中华人民共和国反垄断法》、国家发展和改革委员会《制止价格垄断行为暂行规定》，不得相互串通，搞价格联盟。

8. 供应商的公开报价应符合中国保监会《关于进一步加强机动车辆保险监督管理有关问题的通知》(保监发〔2006〕19 号)的有关规定，在国家政策允许的范围内给予××市本级车辆保险不低于 30%的优惠，即在本公司执行费率基础上优惠率不低于 30%。

符合以上条件，通过政府采购中心资格审核的财产保险公司，即可参加本次公开招标采购。

(五) 答疑

招标文件在××政府采购网上发布日期起至公开招标截止日期三日前止。凡对本次公开招标采购文件提出询问的，均以书面形式与采购中心联系。

联系单位：××市政府采购中心。

联系人：×××　　×××。

邮编：

电话：

传真：

(六) 投标保证金递交时间与方式

参加投标的供应商必须交纳投标保证金一万元整，投标保证金必须以银行电汇方式汇入采购中心指定账户，汇款单名称必须与投标公司的名称相符(未中标的供应商我中心只按汇款单上的公司名称以银行电汇方式退款，当地供应商我中心以转账支票的方式退还，我中心不以现金的方式退还保证金)，以其他方式汇款的供应商按废标处理。

投标保证金缴入：××市政府采购中心。

账号：

开户行：工商银行营业部。

递交投标保证金截止时间：××年×月×日下午×时×分。

(七) 标书递交时间

标书递交截止时间：××年×月×日×时×分前。供应商应于标书递交截止前将密封的标书正本一份，副本四份送至指定地点，逾期或不符合规定的招标文件将被拒绝。

(八) 开标时间、地点

时　间：××年×月×日上午×时×分。

××市政府采购中心三楼招标大厅。

地　址：××区××大街。

[资料来源：中国招标网. (http://www.bidchance.com)]

(二) 组织资格审查

为了保证潜在投标人能够公平地获取投标竞争的机会，确保投标人满足招标项目的资格条件，同时避免招标人和投标人不必要的资源浪费，招标人应当对投标人资格组织审查。

(三) 编制发售招标文件

案例 2-3

表 2-3　投标人须知前附表

序号	条款号	内　容
1	1	项目名称：大连临空产业园填海造地工程保险方案采购项目 项目编号：DLKGJS-2013-02
2	2	招标人名称：大连空港建设发展有限公司 招标代理机构：大连机械设备成套公司

续表

序号	条款号	内　容
3	2.7	投标人资格条件要求： 投标人除具备《政府采购法》第二十二条规定的条件外还应具备的资格条件如下。 (1) 投标人必须是在中华人民共和国境内注册的、由中国保险监督管理委员会批准开展财产保险业务并具有独立法人资格、依法经营满三个自然年度的财产保险公司。 (2) 投标人只能授权一家总公司直属营业机构或其分公司参与本项目的保险服务活动，并须持有其总公司的法人授权。 (3) 大连市有经中国保险监督管理委员会大连监管局批准设立的分支服务机构。 (4) 参加此项投标前三年内，在经营活动中没有重大违法记录。 备注： (1) 经检察机关查询三年内有行贿犯罪记录的不得参加本次招标项目； (2) 本项目不接受联合体投标
4	11	投标报价： (1) 投标报价应包括招标险种的基本保险条款、扩展条款和特别约定。 (2) 投标人依据招标人提供的招标文件、补充通知澄清(答疑)提出的相关要求，按照有关规定编制报价，并结合自身承保能力最后确定投标费率及投标总价
5	8	投标文件的编制要求： (1) 投标文件必须有章节目录，每页都要有页码标注，页码在每页页脚外侧且所有页码连续标注。 (2) 投标文件严禁使用塑料皮、拉杆夹等，必须胶装。 (3) 电子文档的载体为只读性光盘，不允许采用其他载体，光盘内容采用 MICROSOFT WORD、EXCEL 及 AutoCAD 等格式；光盘必须能够全部打开，其中所有文件必须经过杀毒处理，不压缩、不加密码；电子投标文件应与纸质投标文件在内容上及相关说明上保持一致，并建立准确的标识关系，移交的电子文件必须附带电子文件目录。 (4) 光盘的刻制：刻制光盘时应选择“一次性写入”方式，光盘刻制完成后应在光盘背面贴上打印的不干胶标签。标签包含项目名称、编制单位和编制时间(格式如下图)。 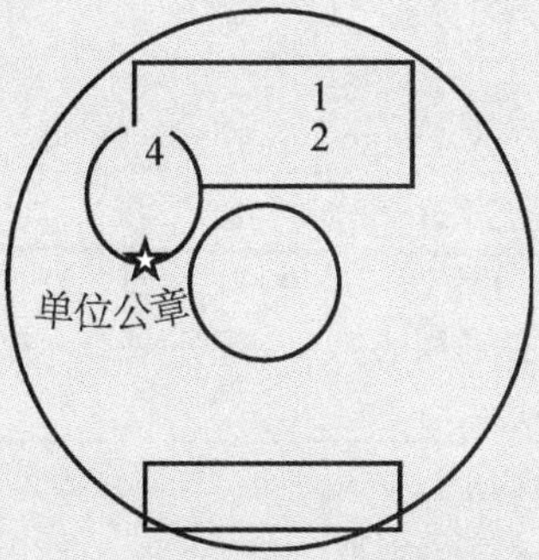 尽量选用背面不带图案的光盘，光盘规格为 120 mm。 电子光盘标签格式：①项目名称；②编制单位；③编制时间；④单位公章；⑤存档电子光盘一式四份；⑥电子光盘须单独密封然后放在正本商务标投标文件密封袋中。 注：电子光盘内容除签字和加盖公章以外的其他内容，必须与纸式投标文件完全一致

续表

序号	条款号	内　容
6	15	投标保证金金额：80 万元人民币。 (1) 投标保证金采用下列形式之一。 ① 电汇(适用外地投标人)。 ② 支票(适用本地投标人)。 ③ 银行汇票(适用外地投标人)。 ④ 政府采购投标担保函(见附件格式，由大连市企业信用担保有限公司出具，政府采购投标担保函应自投标截止期至投标有效期截止日后 30 天止的期限内有效)。 ⑤ 银行保函(见附件格式，银行保函应自投标截止期至投标有效期截止日后 30 天止的期限内有效)。 (注：本项目不接受现金形式的投标保证金。) (2) 投标保证金的递交时间及地点：投标人应在开标前 2 天将投标保证金递交至招标代理机构，否则将视为无效投标。外地企业若要汇款，请汇至“户名：大连机械设备成套公司；开户行：中国银行大连沙河口支行；账号：314256319366”。以到账时间为准，不接受个人名义汇款。 若在投标截止时间前没有收到任何形式的投标保证金，则视为自动放弃此次投标
7	16.1	投标有效期：开标之日起 90 个日历日
8	9/17	投标文件数量及封装要求：一套正本，六套副本，电子光盘一式四份。 投标人应将投标文件正本一套、副本六套、开标一览表一份、电子光盘四份单独密封，所有的副本密封装在单独的信封中；开标时正、副本分别签收。电子光盘和开标一览表单独密封后再装入正本商务标投标文件密封袋中。 投标文件应包括： (1) 投标保证金缴纳证明。 (2) 开标一览表(供唱标时使用，按第五章提供的格式填写)。 (3) 第一分册　资格审查文件。 (4) 第二分册　商务部分。 (5) 第三分册　技术部分。 (6) 所有投标文件电子文档
9	18	投标文件递交时间及地点： 开标当日(20××年×月×日北京时间×时×分～×时×分)，递交至大连市政府采购服务中心第×受理处(地址：大连市西岗区迎春路 2 号大连市人民政府行政服务中心)
10	22.1	投标截止日期及时间：20××年×月×日×时×分(北京时间)。 开标日期及时间：20××年×月×日×时×分(北京时间)。 开标地点：大连市政府采购服务中心第×开标室(地址：大连市西岗区迎春路 2 号大连市人民政府行政服务中心)。 参加开标会议的投标人法定代表人或其委托代理人须随带本人身份证原件，委托代理人还须随带参加开标会议的授权委托书原件参加开标会议，并在开标前接受身份验证

续表

序号	条款号	内　容
11	28.1	合同签订地点：大连空港建设发展有限公司
12	28.1	合同签订期限：中标通知书发出后 15 天内
13	29	履约保证金提交期限：合同生效日起 10 日内。 履约保证金金额：合同总价的 10%(人民币)
14	29	保险支付方式：分期支付。 第一期：保费总额的 30%，合同签订后 1 个月内支付。 第二期：保费总额的 30%，合同签订后 7 个月内支付。 第三期：保费总额的 20%，合同签订后 13 个月内支付。 第四期：保费总额的 20%，合同签订后 19 个月内支付。 本保费是基于保单条件的预收保费，最终保费将在工程决算结束，按照“保险金额及保险费调整条款”进行调整
15	23.9	评标办法：综合评分法
16	33	踏勘现场及答疑： 答疑会及踏勘现场时间：另行通知。 地点：另行通知
17	34	保险期限： 2 年，以工程全部竣工验收为准。如到列明的保险截止期后工程未全部竣工验收，保险期限将自动顺延 12 个月，并不因此增加任何附加保险费，但被保险人须提前 30 天通知保险人。超过 12 个月时，保险人按原费率并按日比例收取保险费。 附加保证期：共 12 个月，自工程全部竣工验收时起算，向后顺延 12 个月，如工程延期则保证期的起期相应顺延
18		保险方式：共保，按照《中华人民共和国保险法》及《关于大型商业保险和统括保单业务有关问题的通知》(保监发〔2002〕16 号)规定，本工程项目拟采用共保方式实施承保。当确定中标人后，由中标人根据本身承保能力和风险共担的原则在参加本项目投标的有效投标人内选定共保体成员。本项目的中标人为首席承保人，份额为 35%
19	35	招标文件编制成本费为人民币伍佰元整(¥500.00 元)售后不退，且仅作为本项目使用。如需邮寄另加邮费 50 元
20	36	投标人的投标文件无论中标与否，一律不予退还
21	37	本项目招标文件最终解释权归招标方
22	38	本项目设立预算控制价，将于开标前 3 天公布
23	39	无行贿记录要求：投标人近三年期间经辽宁省大连市人民检察院“关于行贿犯罪档案”查询有行贿记录的，其投标文件无效。(由招标代理机构查询)

(资料来源：中国采招网.)

案例启示

通过该案例可以看出，招标文件的编制有其固定的要素。一般情况下，招标文件各部分的内容是对前附表中所有内容的细化，但是对于保险采购而言，由于需要满足不同客户的需求，根据项目的不同，需要在这些要素的基础上增加部分内容或者增加部分环节。

1. 编制招标文件

按照招标项目的特点和需求，调查收集有关技术、经济和市场情况，依据有关规定和标准文本编制招标文件。在保险采购中，通常我们要求投标单位必须具有独立法人资格或经其授权具有独立投标能力的资质，在承保安排、人员组织、业绩经验、方案设计、经营管理和配套服务等方面具有相关的资格和能力，具有参与类似大型项目统保与理赔经验，投标单位代表必须是公司的法定代表人或授权代理人，并应在投标时提交所需要的证明和材料。投标文件必须采取规定语言按要求进行编制，并由投标单位法定代表人或被授权委托人签字并加盖公章。

编制保险采购招标文件应注意的问题如下。

(1) 招标文件中对保险公司的技术、服务、分保等要求要尽量详尽。内容尽量详尽是基于保险商品的特殊性，以及保险合同双方对保险专业知识占有上的不平等这两个原因提出的。从一些企业(其中包括很多知名大企业、上市公司)的保险招标工作看，保险公司的投标标准常常是依据招标书中体现专业度而定，如果感觉招标企业在保险上是“行家”，那保险公司的投标方案也会相应“升级”。

(2) 招标文件中要强调对保险公司服务的要求。这是因为招标文件的投保技术方案一般会有保险经纪人协助设计，保险公司对该部分内容只是接受、不接受或个别微调的问题。但对于服务要求来说，一旦承保后，保险公司的服务如何协调、配合、衔接，会直接关系到保险履约工作的成效。所以招标时应要求保险公司综合考虑项目的具体情况设计一套或几套详尽的服务方案。

(3) 招标文件中要强调对保险公司分保安排的说明。针对一些大型统保项目，例如商业银行固定资产统保的项目，总盘子大，远远超过任何一家保险公司的分保合同限额，保险公司在承保时就可以通过划分危险单位来达到少分保或不分保的目的。这里要注意的是，一旦有巨灾发生，也不排除保险标的大范围受损的可能性。如果发生这种情况，而保险公司又没有做好分保安排，则有可能延迟赔付，所以在招标时应要求保险公司列明对保险标的危险单位划分及相应的分保安排。

(4) 评标标准要细化、量化，综合考虑多方面因素。制定评标标准要定性、定量相结合，同时标准制定要综合考虑保费水平、保险公司的综合协调计划的灵活度、保险公司为采购项目拟订的服务流程的可行性、分保安排等因素。

2. 发售招标文件

按照投标邀请书或招标公告规定的时间、地点发售招标文件。

3. 编制标底

招标人根据保险招标项目的技术特点和需要可以自主决定是否编制标底。一般保险采购均不设标底。

(四) 现场勘查

保险采购时，针对情况比较复杂的保险标的，如技术要求较高、创新型的保险产品，一般应组织现场勘查。

(五) 投标预备会

在保险采购活动中，投标预备会通常定义为“风险说明会”，其针对较为复杂、风险较高、范围较广的项目做详细的说明和讲解，目的是能让潜在保险公司更加了解项目情况和风险特点等内容，以便保险公司能够准确、客观地认识项目风险，为报价提供依据。

(六) 编制、递交投标文件

(1) 潜在投标人应严格依据招标文件要求的格式和内容，编制、签署、装订、密封、标识投标文件，按照规定的时间、地点、方式递交投标文件，并提供相应方式和金额的投标保证金。

(2) 投标人在提交投标截止日期之前，可以撤回、补充或者修改已提交的投标文件。

(七) 组织开标、评标

在保险采购实际操作过程中，为了更好地进行开标和评标，开标前依法组建由招标人、专业的保险经纪公司及保险专家、项目所处行业专家等成员共同组成的评标委员会。

(八) 中标

1. 公示

关于保险招标项目，招标人应当自收到评标报告之日起 3 日内在国家指定媒体公示中标候选人，投标人或者其他利害关系人对评标结果有异议的，应当在中标候选人公示期间提出。招标人应当自收到异议之日起 3 日内作出答复；作出答复后，才能进行下一步招标投标活动。

2. 履约能力审查

中标候选人的经营、财务状况发生较大变化或者存在违法行为，招标人认为可能影响其履约能力的，应当在发出中标通知书前由原评标委员会按照招标文件规定的标准和方法审查确认。

3. 定标

在实务中，保险采购的中标包括以下几种方式：一家保险公司中标；几家公司按企业投保险种分别中标，几家公司按比例共保；统保的项目可能出现几家公司按地域范围分别中标等。一般保险采购的招标均采用综合评分方式进行，因此招标单位不保证投标报价最低的投标单位中标，对未中标单位无解释义务。中标单位一旦被确定，其他未中标单位不能再以任何形式影响中标决定。

4. 发中标通知书

招标人确定中标人(或依据有关规定经核准、备案)后，向中标人发出中标通知书，同时将中标结果通知所有未中标的投标人。

5. 提交招标投标情况书面报告

招标人在确定中标人的 15 日内应该将项目招标投标情况书面报告提交招标投标有关行政监督部门。

案例 2-4

政策性森林保险试点保险服务中标结果

政府采购中心受市财政局的委托，于 2012 年 10 月 18 日就政策性森林保险试点保险服务项目(采购编号：略)采用公开招标方式进行。现就本次采购的中标结果公告如下。

一、采购人名称：财政局

二、采购项目名称：政策性森林保险试点保险服务项目

三、项目编号：略

四、采购方式：公开招标

五、采购项目简要说明：(包括简要技术要求、合同履行日期等)

简要技术要求、合同履行日期等详见招标文件。

六、采购公告日期及媒体：略

七、评审信息

评审日期：略

评审地点：政府采购中心

评审委员会负责人：略

评审委员会成员：略

八、评审意见等有关资料

表 2-4　综合评分法中标供应商排序表

序号	投标人	技术得分	商务得分	综合得分	排名
1	A 公司	62.43	34.14	96.57	1
2	B 公司	52.00	20.29	72.29	2
3	C 公司	53.29	16.00	69.29	3

备注：评标委员会将按综合得分由高到低的原则排序，其中综合得分最高的前两名投标人将被推荐为中标候选人，次之推荐为第二中标候选人。

九、中标信息

第一中标人：A 公司

第二中标人：B 公司

十、联系事项：略

各有关当事人对中标结果有异议的，可以在中标公告发布之日起七个工作日内以书面形式向政府采购代理机构提出质疑，逾期将依法不予受理。

二〇××年×月×日

(资料来源：中国采招网.)

公开招标的基本程序如图 2.1 所示。

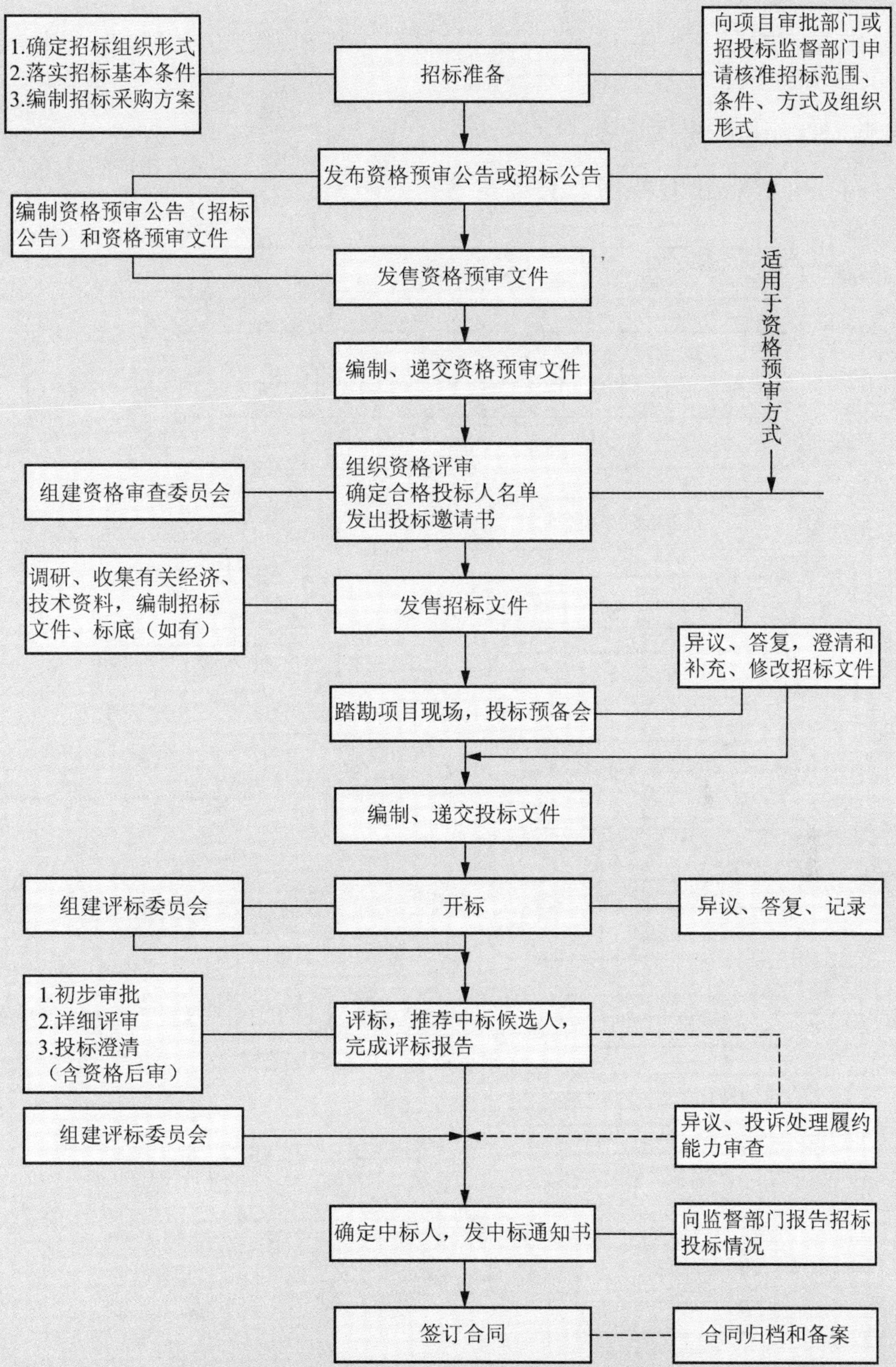

图 2.1　公开招标的基本程序

(九) 签订合同

招标人与中标人应当自中标通知书发出之日起 30 日内，依据中标通知书、招标文件、投标文件中的合同构成文件签订合同。

二、政府保险招标操作规程

(一) 公开招标操作规程(图 2.2)

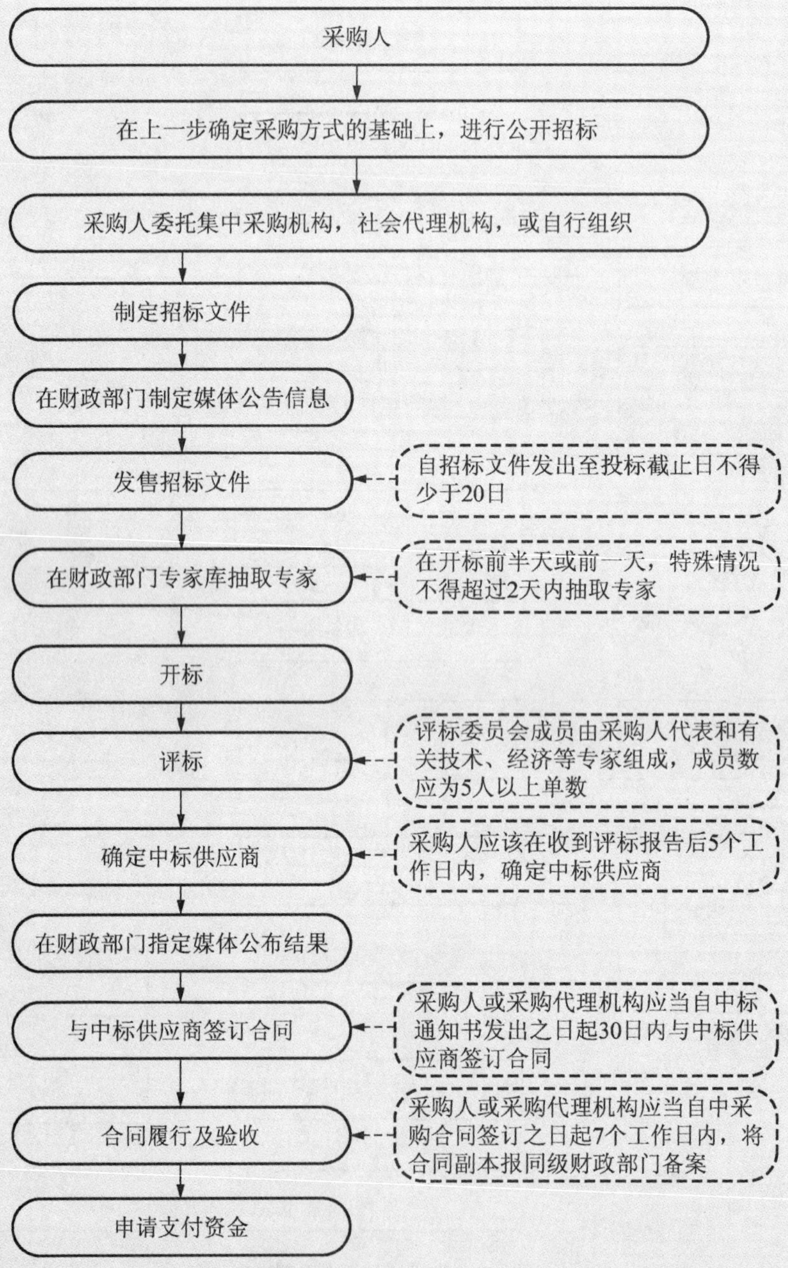

图 2.2　政府公开招标操作规程

(二) 邀请招标操作规程(图 2.3)

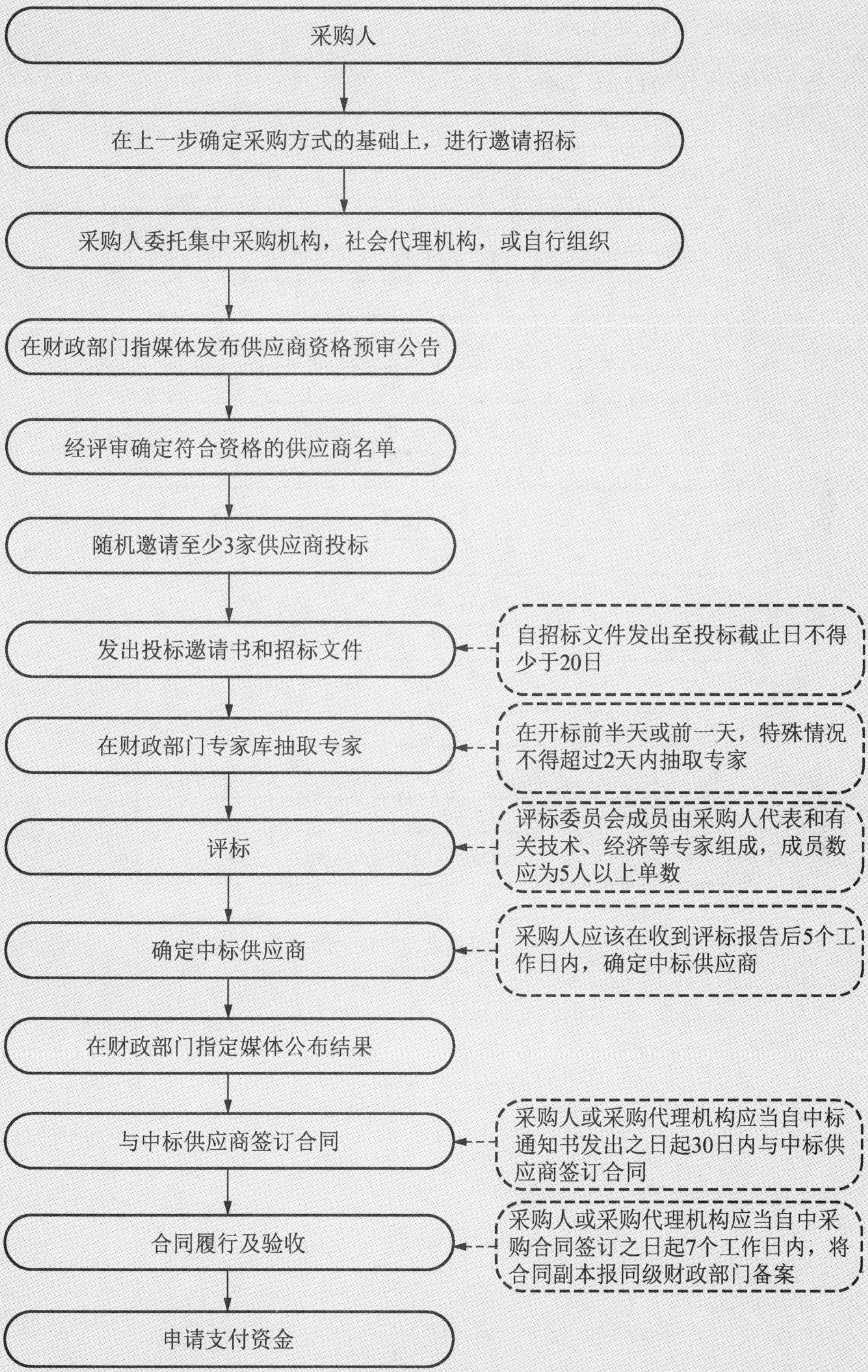

图 2.3 政府邀请招标操作规程

三、其他各类保险招标操作规程

(一) 公开招标操作规程(图 2.4)

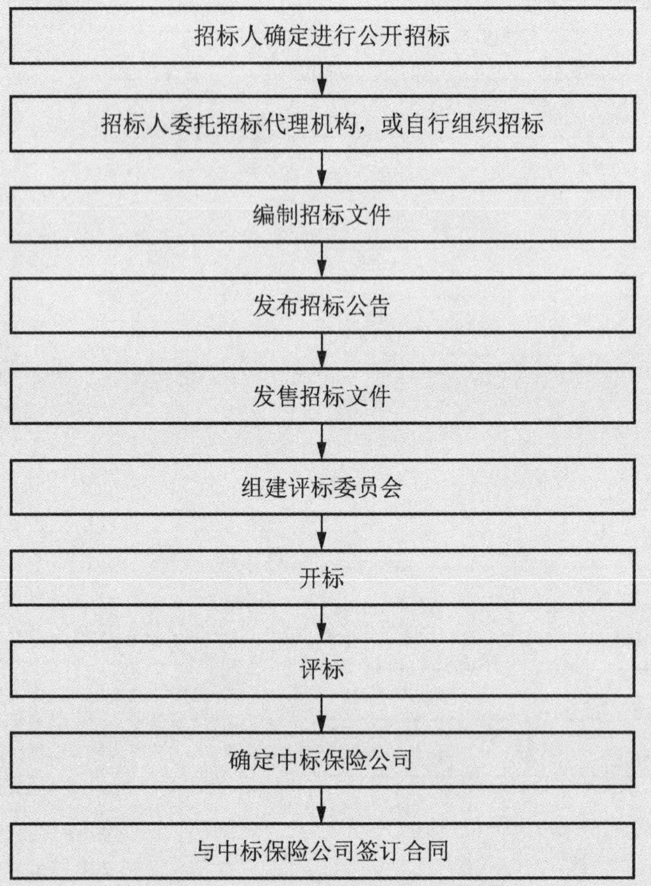

图 2.4　非政府公开招标操作规程

课堂活动 2-2

每 3～5 个同学为一组，分组讨论以下内容:

1. 招标采购的基本程序。
2. 政府保险招标操作规程。
3. 其他各类保险招标操作规程。

(二) 邀请招标操作规程(图 2.5)

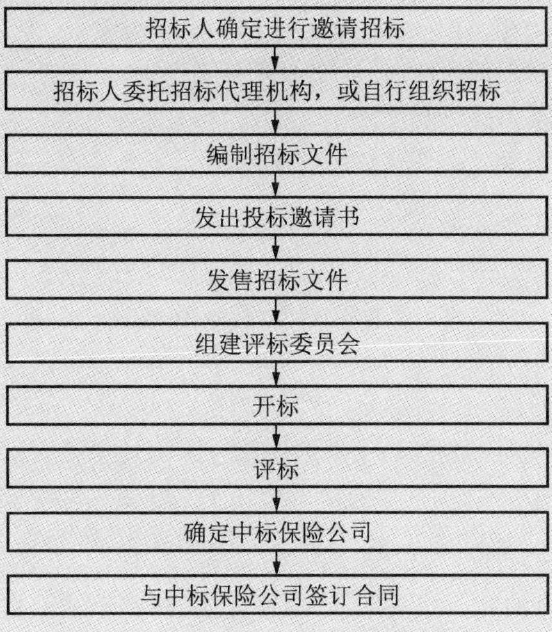

图 2.5　非政府邀请招标操作规程

第三节　保险招标关键环节

一、招标公告

(一) 保险招标公告的内容与格式

招标公告是指招标人在进行保险服务采购时，公布标准和条件，提出价格和要求等，以期从中选择保险公司的一种文书。

按照《招标投标法》和《中华人民共和国招标投标法实施条例》(以下简称《招标投标法实施条例》)的规定，招标公告内容应当真实、准确和完整。招标公告的发出构成招标活动的要约邀请，招标人不得随意更改。

(1) 保险采购招标公告的基本内容包括以下几部分。

① 招标公告应当载明招标人的名称和地址，招标项目的性质、数量、实施地点和时间，以及获取招标文件的办法等事项。

② 招标人应当在招标公告中载明是否接受联合体投标。

③ 招标人可以根据招标项目本身的要求，在招标公告中，要求潜在投标人提供有关资质证明文件和业绩情况，并对潜在投标人进行资格审查；国家对投标人的资格条件有规定的，依照其规定。

(2) 公开招标公告应当包括以下内容。

① 招标采购单位的名称、地址和联系方法。

② 招标项目的名称、数量或者招标项目的性质。

③ 投标人的资格要求。

④ 获取招标文件的时间、地点、方式及招标文件售价。

⑤ 投标截止日期、开标时间及地点。

延伸阅读 2-1

招标公告的基本格式

招标公告

根据《中华人民共和国保险法》《中华人民共和国招标投标法》的相关要求，现就××项目进行保险公司招标的信息公告如下。

一、基本信息

第一章　项目名称:

第二章　项目编号:

第三章　采购方式:

第四章　※采购保险公司数量:

第五章　资金来源:

第六章　※项目概况:

第七章　招标原则：为保障此次统保项目的顺利实施，在遵守《中华人民共和国招标投标法》《中华人民共和国保险法》和国家保险监管机构有关规定的前提下，本着公开、公平、公正的原则，确定中标单位。

二、※采购人信息

1. 采购人:

2. 采购人地址:

3. 采购人联系人及联系方式:

三、招标代理机构信息(如有)

1. 招标代理机构:

2. 招标代理机构地址:

3. 招标代理机构联系人及联系方式:

四、投标人基本要求

(1) 投标人必须是经中国保险监督管理委员会批准成立的，并在××市设有分支机构的财产保险/寿险总公司。

(2) 投标人代表必须是公司的法定代表人或授权代理人，并应在应答文件中按要求提交所需要的授权委托书(正本中需用原件)。

(3) 投标人在承保安排、人员组织、业绩经验、方案设计、经营管理和配套服务等方面具有招标文件所要求的资格和能力。

(4) 投标人偿付能力充足率指标应符合保监会的监管要求。

(5) 投标人必须组成专门的项目服务小组为项目提供保险期内服务，并且明确项目负责人。

(6) ※是否接受联合体投标:

五、招标文件的获取

1. 时间:

2. 地点:

3. 售价:

4. 购买招标文件所需材料:

5. 投标保证金要求:

六、招标文件的递交

1. 投标截止时间:

2. 开标时间:

3. 地址:

4. 联系人及联系方式:

备注：※为法律法规中明确列明的事项，为必填项。

招标方：(招标单位名称)(加盖公章)

××年×月×日

(二) 保险招标公告发布媒体

根据《招标公告发布暂行办法》规定，《中国日报》《中国经济导报》《中国建设报》、“中国采购与招标网”(http://www.chinabidding.com.cn)为依法必须招标的保险采购项目的招标公告制定发布媒体。

对于属于政府采购的保险采购项目而言，根据《政府采购信息公告管理办法》规定，财政部负责确定政府采购信息公告的基本范围和内容，制定全国政府采购信息发布媒体。财政部已经分别指定《中国财经报》、“中国政府采购网” (http://www.ccgp.gov.cn)、《中国政府采购》杂志为全国政府采购信息发布媒体。无论是中央还是地方的政府采购信息，都必须在上述媒体上进行公告，地方政府采购信息可以同时在其省级财政部门制定的政府采购信息发布媒体上公告。

二、招标文件编制

(一) 招标文件组成

招标文件是招标人向潜在投标人发出的要约邀请文件，主要包括投标人须知、评标方法、合同条件、合同格式、技术标准和要求、投标文件格式等。

1. 政府采购中保险采购招标文件要求

招标文件包括以下内容。

(1) 投标邀请。

(2) 投标人须知(包括密封、签署、盖章要求等)。
(3) 投标人应当提交的资格、资信证明文件。
(4) 投标报价要求、投标文件编制要求和投标保证金交纳方式。
(5) 招标项目的保险条件、保险方案要求和数量。
(6) 合同主要条款及合同签订方式。
(7) 签订协议和提供服务的时间。
(8) 评标方法、评标标准和废标条款。
(9) 投标截止时间、开标时间及地点。
(10) 省级以上财政部门规定的其他事项。

2. 保险招标文件的实质性要求和条件

(1) 投标保证金的数额、提交和投标保证金的有效期。
(2) 投标有效期和出现特殊情况的处理办法。
(3) 履约时间和提供服务的时间。
(4) 是否允许价格调整及调整方法。
(5) 是否要求提交备选方案及备选方案的评审办法。
(6) 是否允许对非主体、非关键工作进行分包及相应要求。
(7) 是否接受联合体投标及相应要求。
(8) 不得要求或标明特定的保险公司以及含有倾向或者排斥潜在投标人内容。
(9) 对投标文件的签署及密封要求。
(10) 履约保证金的数额和缴纳形式。
(11) 其他必须明确标明的实质性要求和条件。

(二) 编写招标文件应了解的内容

(1) 招标文件应充分考虑保险招标项目的特点和服务需求。
(2) 实质性要求和条件是招标文件应重点考虑的，并需采用醒目方式标明其内容。
(3) 防范招标文件中的违法、歧视性条款。
(4) 招标文件术语、合同条款等应规范统一。

三、资格审查

案例 2-5

资格审查(节选)

23.4 投标文件的初审(符合性检查)。

如发现下列情况之一的，其投标将视为无效投标。

(1) 投标人的法定代表人或其授权代表未出席开标会议，或未在唱标记录上签字。

(2) 不符合招标文件资格要求。

(3) 投标人超出经营范围，营业执照过期。

(4) 投标人未提交投标保证金或金额不足。

(5) 投标文件无投标人公章、无投标人代表签字，或签字人无法定代表人有效委托书。

(6) 投标文件未按照招标文件规定的格式、内容填写、装订，资格审查文件、商务部分、技术部分中的主要内容不齐，字迹难以辨析。

(7) 除按招标文件规定在提供替代技术方案，提交选择性报价外，同一份投标文件中，出现多个报价，且未注明哪个有效。

(8) 投标有效期不符合招标文件规定。

(9) 投标人在近三年期间经辽宁省大连市人民检察院“关于行贿犯罪档案”查询有行贿记录。

23.5 开标时，投标文件中开标一览表内容与投标文件中明细表内容不一致的，以开标一览表为准。

23.6 对于投标文件中不构成实质性偏差的不正规、不一致或不规则，招标方可以接受，但这种接受将不能对其他投标人的竞争地位产生不公正的影响。

23.7 在详细评标之前，根据本须知第 23.4 条的规定，评标委员会要审查每份投标文件是否实质上响应了招标文件的要求。评标委员会决定投标的响应性只根据投标文件本身的内容，而不寻求外部的证据。

23.8 实质上没有响应招标文件要求的投标将视为无效投标。投标人不得通过修正或撤销不合要求的偏离或保留从而使其投标成为实质上响应的投标。

23.9 投标文件的详细评审

23.9.1 评标委员会将按照本须知第 23.4 条规定，只对确定为实质上响应招标文件要求的投标进行详细量化评审。

23.9.2 首先评标委员会应以招标文件为依据，对其商务部分进行评审。投标报价应满足投标人须知前附表、投标人须知、投标分项报价表等招标文件要求的报价规定和要求。不合理报价或者低于成本报价的投标将被视为无效投标。

(资料来源：中国采招网.)

案例思考

上述案例中采用的是哪种资格审查方法？总结该种审查方法的审查流程。

资格审查是指招标人对潜在投标人的经营范围、专业资质、财务状况、技术能力、管理能力、业绩、信誉等多方面评估审查，以判定其是否具有投标、订立和履行合同的资格及能力。资格审查既是招标人的权利，也是大多数保险招标项目的必要程序，它对于保障招标人和投标人的利益具有重要作用。

(一) 资格审查的原则和方法

1. 资格审查原则

资格审查内容一般包括：保险公司的资质条件、财务状况、业绩、信誉、项目经验、服务能力等内容。资格审查应在坚持“公开、公平、公正和诚实信用”的基础上，遵守科学、择优和合法原则。

2. 资格审查方法

1) 资格预审

资格预审办法包括合格制和有限数量制，一般情况下应采用合格制，潜在投标人过多的，可采用有限数量制。资格预审可以减少评标阶段的工作量、缩短评标时间、减少评审费用、避免不合格投标人浪费不必要的投标费用，但因设置了招标资格预审环节，而延长了招标投标的过程，增加了招标投标双方资格预审的费用。资格预审方法比较适合于技术难度较大或投标文件编制费用较高，且潜在投标人数量较多的招标项目。

2) 资格后审

资格后审由评标委员会负责，审查的内容与资格预审的内容一致。对资格后审不合格的投标人，评标委员会应当对其投标作废标处理，不再进行详细评审。资格后审方法有利于增强投标的竞争性，但在投标人过多时会增加社会成本和评标工作量，比较适合于潜在投标人数量不多的招标项目。

(二) 资格审查程序

1. 资格预审程序

资格预审评审工作包括建立资格审查委员会、初步审查、详细审查、澄清、评审和编写评审报告等程序。

2. 资格后审程序

资格后审一般在评标过程中的初步评审阶段进行。采用资格后审的，对投标人资格审查内容、评审方法和标准与资格预审基本相同，评审工作由招标人依法组建的评标委员会负责。

(三) 资格审查办法

资格预审的合格制与有限数量制两种办法适用于不同的条件。

1. 合格制

一般情况下，应当采用合格制，凡符合资格预审文件规定资格条件标准的保险公司，即取得相应投标资格。

合格制中满足条件的保险公司均获得投标资格。其优点是：投标竞争性强，有利于获得更多、更好的投标人和投标方案；对满足资格条件的所有保险公司公平、公正。缺点是：保险公司可能较多，从而加大投标和评标工作量，浪费社会资源。

2. 有限数量制

在投标人过多时，可采用有限数量制。招标人在资格预审文件中既要规定投标资格条件、标准和评审方法，又应明确通过资格预审的保险公司数量。例如，采用综合评估法对保险公司的资格条件进行综合评审，根据评价结果的优劣排序，并按规定的限制数量择优选择通过资格预审的投标申请人。目前除各行业部门规定外，尚未统一规定合格申请人的最少数量，原则上满足 3 家以上。

采用有限数量制一般有利于降低招标投标活动的社会综合成本，但在一定程度上可能限制了潜在投标人的范围。

延伸阅读 2-2

资格预审公告

根据《中华人民共和国招标投标法》及《中华人民共和国保险法》的相关要求，现将××保险采购项目的资格预审公告发布如下。

(一) 基本信息

1. 项目名称:
2. 项目编号:
3. 采购方式:
4. 采购保险险种:
5. 资金来源:
6. 项目概况:

(二) 采购人信息

1. 采购人:
2. 采购人地址:
3. 采购人联系人及联系方式:

(三) 招标代理机构信息

1. 招标代理机构:
2. 招标代理机构地址:
3. 招标代理机构联系人及联系方式:

(四) 资格预审条件

1. 基本条件:
2. ※是否接受联合体投标:

(五) 资格预审文件的获取

1. 时间:
2. 地点:
3. 售价:

(六) 资格预审文件的递交

1. 时间:
2. 地址:
3. 联系人及联系方式:

备注：※为法律法规中明确强调的必填事项。

招标方:

年　月　日

四、开标、评标与中标

案例 2-6

某招标文件开标环节(节选)

22.1 招标代理机构在“投标人须知前附表”中规定的日期、时间和地点组织公开开标。开标时邀请所有投标人代表参加。参加开标的代表应签名报到以证明其出席。

22.2 参加开标会议的投标人法定代表人或其委托代理人须随带本人身份证原件，委托代理人还须随带参加开标会议的授权委托书原件，以证明其身份。

22.3 开标时，招标代理机构当众宣读投标人名称、投标价格、保险期限，以及招标代理机构认为合适的其他内容。开标时将不得拒绝任何投标。

22.4 在开标时没有读出的有关折扣声明，在评标时将不予考虑。

22.5 唱标时，投标人代表应主动对招标代理机构误唱和漏唱内容当场提出更正和补唱。

22.6 招标代理机构将做开标记录并由投标人代表签字确认。

(资料来源：中国采招网.)

案例思考

案例中有关开标的相关规定是否全面、合理？如需要补充，请结合所学内容给予补充完善。

(一) 开标

开标会应邀请所有投标人的法定代表人或其委托代理人参加，并通知有关监督机构代表到场监督，如需要，也可邀请公证机构人员到场公证。

投标人应按招标文件约定参加开标，招标文件无约定时，可自行决定是否参加开标。投标人不参加开标，视为默认开标结果，事后不得对开标结果提出异议。

招标人可以按照招标文件约定安排出席开标的投标人代表签到，核验投标人的法定代表人身份证明或授权代表的授权委托书和身份证件，并留存复印件，以确认投标人代表身份的真实性。

开标会议的参加人、开标时间、开标地点等要求都必须事先在招标文件里表述清楚、准确，并在开标前做好周密的安排。招标文件公布的开标时间、地点、程序和内容一般不得改变，如特殊原因而需要变更，则应按招标文件的约定，及时发函通知所有潜在投标人。政府采购货物、服务招标还应按规定发布变更公告。

开标会一般由招标人或招标代理主持。开标会全过程应在投标人代表可视范围内进行，并做好记录。有条件的可全程录像，以备查验。

1. 开标时间和地点

《招标投标法》和《招标投标法实施条例》规定如下。

(1) 开标时间。开标时间和提交投标文件截止时间应为同一时间，应具体确定到××

年×月×日的几时几分，并在招标文件中明示。招标人和招标代理机构必须按照招标文件中的规定，按时开标，不得擅自提前或拖后开标，更不能不开标就进行评标。

(2) 开标地点。开标地点应在招标文件中具体载明。

(3) 开标时间和地点的修改。如果招标人需要修改开标时间和地点，应以书面形式通知所有招标文件的收受人。

2. 开标准备工作

开标准备工作主要包括四个方面。

1) 投标文件接收

招标人应当安排专人，在招标文件指定地点接收投标人递交的投标文件(包括投标保证金)，详细记录投标文件送达人、送达时间、份数、包装密封、标识等查验情况，经投标人确认后，出具投标文件和投标保证金的接收凭证。

投标文件密封不符合招标文件要求的，招标人不予受理，在截标时间前，应当允许投标人在投标文件接收场地之外自行更正修补。在投标截止时间后递交的投标文件，招标人应当拒绝接收。

至投标截止时间提交投标文件的投标人少于 3 家的，不得开标，招标人应将接收的投标文件原封退回投标人，并依法重新组织招标。

2) 开标现场

招标人应保证受理的投标文件不丢失、不损坏、不泄密，并组织工作人员将投标截止时间前受理的投标文件运送到开标地点。

招标人应精细周全地准备好开标必备的现场条件，包括提前布置好开标会议室、准备好开标需要的设备、设施和服务等。

3) 开标资料

招标人应准备好开标资料，包括开标记录(一览)表、标底文件(如有)、投标文件接收登记表、签收凭证等。招标人还应准备相关国家法律法规、招标文件及其澄清及修改内容，以备必要时使用。

4) 工作人员

招标人参与开标会议的有关工作人员应按时到达开标现场，包括主持人、开标人、唱标人、记录人、监标人及其他辅助人员等。

3. 开标程序

招标人应按照招标文件规定的程序开标，一般的开标程序是：宣布开标纪律、确认投标人代表身份、公布在投标截止时间前接收投标文件的情况、宣布有关人员姓名、检查投标文件的密封情况、宣布投标文件开标顺序、公布标底、唱标、开标记录签字、开标结束。

4. 开标注意事项

(1) 在投标截止时间前，投标人书面通知招标人撤回其投标的，无须进入开标程序。

(2) 依据投标函及投标函附录(正本)唱标，其中投标报价以大写金额为准。

(3) 开标过程中，投标人对唱标记录提出异议，开标工作人员应立即核对投标函及投标函附录(正本)的内容与唱标记录，并决定是否应该调整唱标记录。

(4) 开标时，开标工作人员应认真核验并如实记录投标文件的密封、标识以及投标报价、投标保证金等开标、唱标情况，发现投标文件存在问题或投标人提出异议的，特别是涉及影响评标委员会对投标文件评审结论的，应如实记录在开标记录上。但招标人不应在开标现场对投标文件是否有效作出判断和决定，应递交评标委员会评定。

(二) 评标

案例 2-7

综合计分法

1. 评标方法：本项目采用综合评分法进行评标

分别计算出各评标委员会成员对某一特定投标人非价格因素评分的汇总得分，去掉一个最高汇总得分和一个最低汇总得分后计算出该投标人的“比较用非价格因素汇总得分平均值”。用各评标委员会成员评出的该投标人非价格因素汇总得分与“比较用非价格因素汇总得分平均值”进行比较，剔除偏离幅度等于和超过±15%的评标委员会成员的非价格因素汇总得分后，计算出评标委员会成员对该投标人非价格因素汇总得分平均值。

价格因素平均得分与非价格因素汇总得分平均值之和即为综合评分法的评标总得分。

2. 评分标准(表 2-5)

表 2-5　评分标准一览表

名称	评价因素	权重	分值	说　明
投标报价	投标报价	30%	100	满足招标文件要求且投标价格最低的投标报价为评标基准价，其投标报价为满分，其他投标人的投标报价得分统一按照下列公式计算：投标报价得分＝(评标基准价/投标报价)×价格权重×100
保险方案	保险条款	10%	100	评标委员会依据投标人提供的保险条款的切实性和合理性情况进行评定，好的得 80～100 分，较好的得 60～79 分，一般的得 40～59 分
	再保安排	5%	100	评标委员会依据投标人提供的再保安排的切实性和合理性情况进行评定，好的得 80～100 分，较好的得 60～79 分，一般的得 40～59 分
	项目风险认识与分析	5%	100	评标委员会依据投标人提供的施工期和保证期内的项目风险认识能力和分析程度情况进行评定。 对项目风险认识全面，对风险的关键点、难点分析准确，得 80～100 分。 对项目风险认识比较全面，对风险的关键点、难点分析比较准确，得 60～79 分。 对项目风险有一定认识，对风险的关键点、难点进行了初步分析，得 40～59 分

续表

<table>
<tr><th>名称</th><th>评价因素</th><th>权重</th><th>分值</th><th>说　明</th></tr>
<tr><td rowspan="2">保险方案</td><td>共保安排</td><td>15%</td><td>100</td><td>评标委员会依据投标人提供的共保安排的合理性和风险分散性情况进行评定，好的得 80～100 分，较好的得 60～79 分，一般的得 40～59 分</td></tr>
<tr><td>服务承诺</td><td>5%</td><td>100</td><td>评标委员会依据投标人提供的服务承诺(风险管控服务承诺、期内服务承诺、理赔服务承诺、服务组织配备承诺)情况进行评定，好的得 80～100 分，较好的得 60～79 分，一般的得 40～59 分</td></tr>
<tr><td rowspan="3">企业实力</td><td>承保能力</td><td>6%</td><td>100</td><td>评标委员会依据投标人提供的承保能力情况进行评定。<table><tr><th>承保能力状况</th><th>承保能力/亿元</th><th>得分</th></tr><tr><td>很强</td><td>≥15</td><td>100</td></tr><tr><td>较强</td><td>7～15(含 7)</td><td>80</td></tr><tr><td>强</td><td>5～7(含 5)</td><td>60</td></tr><tr><td>一般</td><td>2～5(含 2)</td><td>40</td></tr><tr><td>差</td><td><2</td><td>0</td></tr></table></td></tr>
<tr><td>偿付能力</td><td>8%</td><td>100</td><td>评标委员会依据投标人提供的偿付能力情况进行评定。<table><tr><th>偿付能力状况</th><th>偿付能力充足率</th><th>得分</th></tr><tr><td>充足Ⅱ类公司</td><td>≥150</td><td>100</td></tr><tr><td>充足Ⅰ类公司</td><td>140～150(含 140)</td><td>70</td></tr><tr><td>充足Ⅰ类公司</td><td>120～140(含 120)</td><td>40</td></tr><tr><td>充足Ⅰ类公司</td><td>100～120(含 100)</td><td>10</td></tr><tr><td>不足类公司</td><td><100</td><td>0</td></tr></table></td></tr>
<tr><td>项目承保经验</td><td>6%</td><td>100</td><td>评标委员会依据投标人提供的承保经验情况进行评定。
(1) 投标人每单独或首席承保一项 100 亿元以上(含 100 亿元)水工工程项目得 10 分，非单独或首席承保每项得 3 分，该项满分 20 分；投标人每单独或首席承保一项 50 亿～100 亿元(含 50 亿元)水工工程项目得 8 分，非单独或首席承保每项得 3 分，该项满分 20 分；投标人每单独或首席承保一项 20 亿～50 亿元(含 20 亿元)水工工程项目得 5 分，非单独或首席承保每项得 2 分，该项满分 15 分；投标人每单独或首席承保一项 5 亿～20 亿元(含 5 亿元)水工工程项目得 2 分，非单独或首席承保每项得 1 分，该项满分 5 分。
(2) 投标人每单独或首席承保一项 100 亿元以上(含 100 亿元)其他工程项目得 10 分，非单独或首席承保每项得 3 分，该项满分 20 分；投标人每单独或首席承保一项 50 亿元以上(含 50 亿元)其他工程项目得 5 分，非单独或首席承保每项得 2 分，该项满分 20 分。</td></tr>
</table>

续表

名称	评价因素	权重	分值	说　　明
企业实力	项目承保经验	6%	100	说明： ① 未按照招标文件要求格式填写，或者按招标文件格式填写，但是填报信息不全不予加分。 ② 必须提供相关证明材料(如保单复印件)，未提供证明材料的或证明材料无效的不予加分
	项目理赔经验	7%	100	评标委员会依据投标人提供的近五年项目理赔经验情况进行评定。 (1) 投保人每处理过一项赔款金额 1 000 万元以上(含 1 000 万元)水工工程项目的工程险赔案得 10 分，每处理过一项赔款金额 500 万元(含 500 万元)水工工程项目赔案得 5 分。无符合项目理赔经验要求的或提供证明资料无效的得分为 0 分。该项满分 60 分。 (2) 投保人每处理过一项赔款金额 1 000 万元以上(含 1 000 万元)的其他工程项目保险赔案得 5 分；每处理过一项赔款金额 500 万元(含 500 万元)其他工程项目赔案得 2 分。无符合项目理赔经验要求的或提供证明资料无效的得分为 0 分。该项满分 40 分。 说明： ① 未按照招标文件要求格式填写，或者按招标文件格式填写，但是填报信息不全不予加分。 ② 必须提供相关证明材料(例如定损单或核损单证明复印件)，未能提供证明材料的不予加分
	信用等级	1%	100	具有国际相关机构出具的信用等级(投资级)的得 100 分，不提供的不得分
		1%	100	具有国家相关机构出具的信用等级(AAA 级)的得 100 分，不提供的不得分
		1%	100	具有省市相关机构出具的信用等级的得 100 分，不提供的不得分

3. 评分说明

(1) 本项目采用综合评分法，获得最高评估分的投标人将被推荐为合格的中标候选人。如果投标人综合得分相同，按下列顺序排列以确定将被推荐为合格的中标候选人：投标报价低的；保险方案得分高的；服务承诺得分高的。

(2) 如果评标委员会认为有必要，可以要求投标人介绍相关情况。投标人必须本着诚实信用的原则，实事求是地陈述。如发现有弄虚作假行为，将取消其投标资格。

(3) 打分保留小数点后两位(按四舍五入原则)。

(4) 投标人加分项相应产品投标报价之和以评标委员会复核结果为准。

(5) 保密要求。

(6) 从开标时起到中标公告发布时止，有关投标文件的审查、澄清、评估和比较，以及有关授予合同的意向的一切情况都不得透露给投标人或与上述评审工作无关的人员。

(7) 投标人在投标时必须提供与以上评分因素相关的证明材料。如果发现有弄虚作假的，将取消其投标资格。

(资料来源：中国采招网.)

案例启示

通过案例可以看出招标文件中关于评标办法的编制，有其固定的要素，一般情况下，至少应该包含评标方法、评标标准、评分原则等内容。对于保险采购而言，评标方法的选择需要根据项目的复杂程度来确定，一般来说，综合评分法适用于绝大多数的保险采购项目。

招标项目评标工作由招标人依法组建的评标委员会按照招标文件约定的评标方法、标准进行评标。评标办法是评标环节的依据，也是招标文件的重要内容，通常为一个专门的章节。按照相关规定，评标委员会应当按照招标文件确定的评标标准和方法，对投标文件进行评审和比较。招标文件没有规定的评标标准和方法不得作为评标的依据。

1. 评标委员会

1) 评标专家资格

评标专家应当符合《招标投标法》《评标委员会和评标方法暂行规定》(国家〔2001〕计委第12号令)和《评标专家和评标专家库管理暂行办法》(国家〔2003〕计委第29号令)规定的条件。

2) 评标专家的权利

(1) 接受专家库组建机构的邀请，成为专家库成员。

(2) 接受招标人依法选聘，担任招标项目评标委员会成员。

(3) 熟悉招标文件的有关技术、经济、管理特征和需求，依法对投标文件进行客观评审，独立提出评审意见，抵制任何单位和个人的不正当干预。

(4) 获取相应的评标劳务报酬。

(5) 法律法规规定的其他权利。

3) 评标专家的义务

(1) 接受建立专家库机构的资格审查和培训、考核，如实申报个人有关信息资料。

(2) 遇到不得担任招标项目评标委员会成员的情况应当主动回避。

(3) 为招标人负责，维护招标、投标双方合法利益，认真、客观、公正地对投标文件进行分析、评审、比较。

(4) 遵守评标工作程序和纪律规定，不得私自接触投标人，不得收受他人的任何好处，不得透露投标文件评审的有关情况。

(5) 自觉依法监督、抵制、反映和核查招标、投标、代理、评标活动中的虚假、违法和不规范行为，接受和配合有关行政监督部门的监督、检查。

(6) 法律法规规定的其他义务。

4) 组建评标组织

(1) 评标委员会构成。评标委员会由招标人代表及技术、经济专家组成，成员人数为

5人以上单数，其中招标人代表不得超过1/3，技术和经济方面的专家不得少于2/3。

(2) 评标专家选取。评标委员会中技术、经济专家的比例、人数及专业、地域分布应能满足项目专业和公正评价的需要。评标委员会成员的名单在中标结果确定前应当保密。

(3) 评标专家回避原则。评标专家有下列可能影响公正评标情况的，应当回避：是投标人的雇员或投标人主要负责人的近亲属；项目主管部门或者行政监督主管部门的人员；与投标人有经济利益关系，可能影响对投标公正评审的；曾因在招标、评标以及其他与招标有关的活动中从事违法行为而受过行政处罚或刑事处罚的。评标中，如发现某个评标专家存在法定回避情形的，该评标专家已经完成的评标结果无效，招标人应重新确定满足要求的专家替代。

(4) 政府采购服务与货物招标评标专家的特殊要求。招标采购人就招标文件征询过意见的专家，不得再作为评标专家参加评标；采购人不得以专家身份参与本部门或者本单位采购项目的评标；招标采购代理机构工作人员不得参加由本机构代理的政府采购中保险采购项目的评标；采购人或其代理机构对技术复杂、专业性极强的采购项目，通过随机方式难以确定合适评标专家的，经设区的市、自治州以上人民政府财政部门同意，可以采取选择性方式确定评标专家。

2. 评标准备工作

招标人及其招标代理机构应为评标委员会评标做好以下评标准备工作。

(1) 准备评标需用的资料，如招标文件及其澄清与修改、标底文件、开标记录等。

(2) 准备评标相关表格。

(3) 选择评标地点和评标场所。

(4) 布置评标现场，准备评标工作所需工具。

(5) 妥善保管开标后的投标文件并运到评标现场。

(6) 评标安全、保密和服务等有关工作。

3. 评标原则与纪律

1) 评标原则和工作要求

(1) 评标原则。评标活动应当遵循公平、公正、科学、择优的原则。

(2) 评标工作要求。评标委员会成员应当按上述原则履行职责，对所提出的评审意见承担个人责任。评标工作应符合以下基本要求：认真阅读招标文件，正确把握招标项目特点和需求；全面审查、分析投标文件；严格按照招标文件中规定的评标标准、评标方法和程序评价投标文件；按法律规定推荐中标候选人或依据招标人授权直接确定中标人，完成评标报告。

2) 评标依据

评标委员会依据法律法规、招标文件及其规定的评标标准和方法，对投标文件进行系统的评审和比较，招标文件中没有规定的标准和方法，评标时不得采用。投标文件指进入了开标程序的所有投标文件，以及投标人依据评标委员会的要求对投标文件的澄清和说明。

3) 评标纪律

(1) 评标活动由评标委员会依法进行，任何单位和个人不得非法干预。无关人员不得参加评标会议。

(2) 评标委员会成员不得与任何投标人或者与招标有利害关系的人私下接触，不得收受投标人、中介人及其他利害关系人的财物或其他好处。

(3) 招标人或其委托的招标代理机构应当采取有效措施，确保评标工作不受外界干扰，保证评标活动严格保密，有关评标活动参与人员应当严格遵守保密规则，不得泄露与评标有关的任何情况。其保密内容涉及：评标地点和场所；评标委员会成员名单；投标文件评审比较情况；中标候选人的推荐情况；与评标有关的其他情况；等等。

为此，招标人应采取有效措施，必要时可以集中管理和使用与外界联系的通信工具等，同时禁止任何人员私自携带与评标活动有关的资料离开评标现场。

4. 评标方法

评标方法是招标人根据招标项目的特点和要求，在招标文件中规定的评标委员会对投标文件进行评价和比较的方法。常用的评标方法分为最低评标价法、综合评分法和性价比法三类。

(1) 最低评标价法是指以价格为主要因素确定中标候选保险公司的评标方法，即在全部满足招标文件实质性要求前提下，依据统一的价格要素评定最低报价，以提出最低报价的投标人作为中标候选保险公司或者中标供应商的评标方法。但是投标报价低于成本价的除外。最低评标价法适用于标准定制商品及通用服务项目，但对大多数的保险采购而言，并不适合。

(2) 综合评分法是指在最大限度地满足招标文件实质性要求前提下，按照招标文件中规定的各项因素进行综合评审后，以评标总得分最高的投标人作为中标候选供应商或者中标供应商的评标方法。综合评分的主要因素：价格、技术、财务状况、信誉、业绩、服务、对招标文件的响应程度，以及相应的比重或者权值等。上述因素应当在招标文件中事先规定。

评标时，评标委员会各成员应当独立对每个有效投标人的标书进行评价、打分，然后汇总每个投标人每项评分因素的得分。

采用综合评分法的，政府采购保险服务项目的价格分值占总分值的比重(即权值)为10%～30%。执行统一价格标准的服务项目，其价格不列为评分因素。

综合评分法是保险采购项目常用的评分方法。

(3) 性价比法，是指按照要求对投标文件进行评审后，计算出每个有效投标人除价格因素以外的其他各项评分因素(包括技术、财务状况、信誉、业绩、服务、对招标文件的响应程度等)的汇总得分，并除以该投标人的投标报价，以商数(评标总得分)最高的投标人为中标候选供应商或者中标供应商的评标方法。

5. 评标程序

招标项目一般在开标后即组织评标委员会评标。评标分为初步评审和详细评审两个阶段。

1) 初步评审

初步评审是评标委员会按照招标文件确定的评标标准和方法，一般是审查明显的和重要的内容，对投标文件进行形式、资格、响应性评审，以判断投标文件是否存在重大偏离或保留，是否实质上响应了招标文件的要求，如投标文件的完整性、投标文件的签署、投标人资格和对照表文件规定的关键条款的相应等内容。经评审认定投标文件没有重大偏离，实质上响应招标文件要求的，才能进入详细评审。

初步评审内容。投标文件的初步评审内容包括形式评审、资格评审、响应性评审。工程施工招标采用经评审的最低投标价法时，还应对施工组织设计和项目管理机构的合格响应性进行初步评审。包括形式评审、资格评审和响应性评审。

2) 详细评审

详细审查是评标委员会根据招标文件确定的评标方法、因素和标准，对通过初步评审的投标文件进行全面、细致的审查和比较，确保投标文件实质性响应招标文件要求。同时，在详细审查中还要按照招标文件规定的评标方法对投标进行比较和排序。

采用经评审的最低投标价法，评标委员会应当根据招标文件中规定的评标价格计算因素和方法，计算所有投标人的评标价，招标文件中没有明确规定的因素不得计入评标价。

采用综合评估法，评标委员会可使用打分方法或者其他方法，衡量投标文件最大限度地满足招标文件中规定的各项评价标准的响应程度。需评价量化的因素及其标准、权重应当在招标文件的评标方法中明确规定，并应当将评标量化因素、标准建立在同一基础上，使各投标文件具有可比性。

3) 投标文件的澄清、说明和补正

在初步审查和详细审查中，必要时可以要求投标人对投标文件中不明确、不清晰的内容进行澄清。

澄清、说明和补正是指评标委员会在评审投标文件过程中，遇到投标文件中不明确或存在细微偏差的内容时，要求投标人作出书面澄清、说明或补正，但投标人不得借此改变投标文件的实质性内容。投标人不得主动提出澄清、说明或补正的要求。

若评标委员会发现投标人的投标价或主要单项工程报价明显低于同标段其他投标人报价或者在设有参考标底时明显低于参考标底价时，应要求该投标人作出书面说明并提供相关证明材料。如果投标人不能提供相关证明材料证明该报价能够按招标文件规定的质量标准和工期完成招标项目，评标委员会应当认定该投标人以低于成本价竞标，作废标处理。

如果投标人提供了证明材料，评标委员会也没有充分的证据证明投标人低于成本价竞标，评标委员会应当接受该投标人的投标报价。

4) 推荐中标候选人和编写评标报告

评标办法应明确要求评标委员会推荐中标候选人的数量。推荐中标候选人的数量最多为 3 名。招标人也可在评标办法中授权评标委员会完成评审后直接确定中标人。

(1) 评标报告。评标委员会完成评标后，应编写评标报告。评标报告应如实记载以下内容：①基本情况和数据表；②评标委员会成员名单；③开标记录；④符合要求的投标一览表；⑤废标情况说明；⑥评标标准、评标方法或者评标因素；⑦经评审的价格或者评分比较一览表；⑧经评审的投标人排序；⑨推荐的中标候选人名单与签订合同前要处理的事宜；⑩澄清、说明、补正事项纪要。

(2) 评标报告签署。

评标报告由评标委员会全体成员签字。对评标结论持有异议的评标委员会成员可以书面方式阐述其不同意见和理由。评标委员会成员拒绝在评标报告上签字且不陈述其不同意见和理由的，视为同意评标结论。

评标报告应按行政监督部门规定内容和格式填写。利用国际金融组织机构贷款项目的招标以及机电产品国际竞争性招标采购，分别对评标报告的内容和格式作了相应规定。招标人及招标代理机构应根据具体规定填写。

(3) 中标候选人。

评标委员会推荐的中标候选人应当限定在 1～3 名，并标明排列顺序。

(4) 中标候选人公示。

中标候选人公示应当注意以下事项：①招标人依法确定中标候选人后，应当根据招标文件明确的媒体和发布时间进行公布，接受社会监督。②中标候选人公示时间应当按有关规定执行。中标候选人公示期间内，投标人和其他利害相关人如对中标结果有异议，可以按照法律法规规定的程序提出异议、质疑或投诉。

6. 评价依据

(1) 投标报价的评价依据。价格是在对投标文件进行评价的过程中非常重要的一个因素。当然，这里对价格的评价不应单纯从保费高低来评判。一方面应结合当前保险市场的价格水平设定一个合理的价格区间，剔除由于恶性竞争造成的报价过低，并保证价格的合理性；二是要与以往同类保险采购项目保费支出进行对比，实现降低保费支出的目的。以预计总保险金额为基础，对保费水平进行合理估计。

(2) 服务及承诺的评价依据。对服务及承诺的评价主要包括合作、明细表、保险条款、服务条款、操作条款和优惠条件六方面的内容。

(3) 资信评价依据。对资信水平的评价主要包括分保安排、数字指标、文字指标和机构设置四方面的内容。

(4) 综合因素评价依据。综合因素的评比主要考虑投标单位的社会形象和在投标过程中的表现两方面。社会形象主要指各投标单位在公众当中树立的综合形象和口碑等因素。投标表现涉及投标单位在本次投标过程中表现出的诚意、合作精神、人员素质、专业水平等方面因素。

(三) 中标

案例 2-8

大连临空产业园填海造地工程保险方案采购项目中标公告

大连机械设备成套公司就大连临空产业园填海造地工程保险方案采购项目进行公开招标。招标工作已于 2014 年 5 月 5 日结束，现将中标结果公告如下。

1. 项目名称：大连临空产业园填海造地工程保险方案采购项目

2. 项目编号：DLKGJS-2013-02

3. 招标人名称：大连空港建设发展有限公司

4. 招标代理机构：大连机械设备成套公司

5. 招标公告发布日期：2013年9月2日

6. 项目主要内容：大连临空产业园填海造地工程保险方案采购项目，包括2个险种，建筑工程一切险及第三者责任险、雇主责任险

7. 评标委员会名单：略

8. 中标单位：

A保险公司，保险费总报价(52 821 140元)保险费综合费率(4.58‰)

9. 定标日期：2014年5月29日

(资料来源：中国采招网.)

案例思考

通过上述案例可以看出中标的编制，有其固定的要素，是项目中标信息的载体，结合本节内容思考哪些要素是必备的。

1. 确定中标人的原则、步骤

1) 确定中标人的原则

(1) 采用综合评估法的，应能够最大限度地满足招标文件中规定的各项综合评价标准。

(2) 采用经评审的最低投标价法的，应能够满足招标文件的实质性要求，并且经评审的投标价格最低。但中标人的投标价格应不低于其成本价。

(3) 使用国有资金投资或者国家融资的项目以及其他依法必须招标的保险采购项目，招标人应当确定排名第一的中标候选人为中标人。排名第一的中标候选人放弃中标、因不可抗力提出不能履行合同，或者招标文件规定应当提交履约保证金而在规定期限内未能提交的，招标人可以确定排名第二的中标候选人为中标人。排名第二的中标候选人出现上述情况的，招标人可以确定排名第三的中标候选人为中标人。

招标人可以授权评标委员会直接确定中标人。

2) 确定中标人的步骤

①确定中标人一般在评标结果已经公示，没有质疑、投诉，或质疑、投诉均已处理完毕时；②确定中标人前后，招标人不得与投标人就投标价格、投标方案等实质性内容进行谈判；③如果招标人授权评标委员会直接确定中标人的，应在评标报告形成后确定中标人。

2. 中标通知书

中标通知书是指招标人在确定中标人后向中标人发出的书面文件。中标通知书的内容应当简明扼要，通常只需告知投标人招标项目已经中标，并确定签订合同的时间、地点即可。中标通知书发出后，对招标人和中标人均具有法律约束力，如果招标人改变中标结果的，或者中标人放弃中标项目的，应当依法承担相应的法律责任。

(1) 中标人确定后，招标人应当向中标人发出中标通知书，并同时将中标结果通知所有未中标的投标人。

(2) 中标通知书的发出时间不得超过投标有效期的时效范围。

(3) 中标通知书需要载明签订合同的时间和地点。需要对合同细节进行谈判的，中标

通知书上需要载明合同谈判的有关安排。

(4) 中标通知书可以载明提交履约担保等投标人需注意或完善的事项。

3. 中标公告

根据《实施条例》第五十四条规定："依法必须进行招标的保险采购项目，招标人应当自收到评标报告之日起 3 日内公示中标候选人，公示期不得少于 3 日。投标人或者其他利害关系人对依法必须进行招标的项目的评标结果有异议的，应当在中标候选人公示期间提出。招标人应当自收到异议之日起 3 日内作出答复；作出答复前，应当暂停招标投标活动。"

针对政府采购中的保险采购项目，《政府采购货物和服务招标投标管理办法》第六十二条规定："中标供应商确定后，中标结果应当在财政部门指定的政府采购信息发布媒体上公告。公告内容应当包括招标项目名称、中标供应商名单、评标委员会成员名单、招标采购单位的名称和电话。在发布公告的同时，招标采购单位应当向中标供应商发出中标通知书，中标通知书对采购人和中标供应商具有同等法律效力。中标通知书发出后，采购人改变中标结果，或者中标供应商放弃中标，应当承担相应的法律责任。"

延伸阅读 2-3

中标公告的基本格式

中 标 公 告

就××项目评审委员会按照公开、公平、公正的原则，在纪检监督人员全程监督下，通过严格的程序、认真的评选，完成全部招标工作。现将中标结果公布如下。

一、采购项目名称

二、招标公告媒体及日期

三、评标信息

1. 评标日期:

2. 评标地点:

3. 评标委员会负责人:

4. 评委(包括专业、职称):

四、中标信息

1. 中标供应商名称:

2. 中标供应商地址:

五、联系事项

联系人:

联系电话:

特此公告

招标人: (招标单位名称 加盖公章)

案例 2-9

中国××油料集团公司是主要从事航空油料及其他成品油批发、储存、零售及代购、代销、代储、代运等业务的国有大型航空运输服务保障企业。目前，中国××油料集团公司下属的各级机构约有 140 多家，公司在全国各地设立油库 156 座、油罐 1 594 个，总储油能力已达到 140 万立方米；拥有配套的铁路专用线、输油管线、加运油车，供油网点遍布全国 91 个民用机场。

2003 年 6 月 5 日起开始，中国××油料集团公司向国内多家保险经纪公司发出招标邀请，经过综合比较、实地考察后，最终选择了某保险经纪公司作为其统保保险经纪人。某保险经纪公司自在中标之后，迅速组成项目小组，按照现代项目管理的科学方法，有效推动项目的实施。其服务内容主要归纳如下。

1. 对以往保单的分析

为了帮助××公司了解过去保险计划中存在的不足，某保险经纪公司应××公司要求对其原有的各项保险合同进行了细致的分析，客观地提出了数十项改进意见，使××公司进一步认识到设计完善的风险管理计划和保险方案的重要性。

2. 规范的招投标、评标和商务谈判

针对××公司资产规模、资产分布、现有保险管理状况、现有保险状况、以往损失记录、风险管理等状况，某保险经纪公司向××公司提出了国内外货物运输险、财产一切险、注油责任险、公众责任险和雇主责任险等一揽子统保方案，最大限度地帮助××公司规避了经营过程中存在的各种风险，并专门针对××公司的特点和特殊要求，设计了若干扩展条款。

在统保方案确定的基础上，某保险经纪公司制作了规范专业的保险招标书，自 2003 年 6 月 19 日至 27 日，某保险经纪公司严格按照国内招投标法有关规定和程序，并遵循公平、公正、公开的原则，协助××公司完成了一整套规范化、专业化的招投标工作。整个招投标过程包括招标邀请、招标书澄清、公开开标、标书答疑、评标等一系列工作，经过细致的保险协议商务谈判，最终确定了中标保险公司。

此次统保，经过公开的招标，在上年度已相当优惠的费率基础上，××公司取得了更加优惠的费率，而保险责任比上年扩展很多，特别是货物运输险扩展了油污污染责任，注油责任险比上年扩展了对第三者的精神损害赔偿等。

3. 设计全方位的风险管控体系

作为专业的经纪人，某保险经纪公司提供的不仅仅是保险服务，还有根据××公司的需要为其建立全面的风险管控体系。某保险经纪公司为其设计的风险管控体系包括：风险管理组织机构的设置、相关人员的培训、风险事故的应急响应机制等。这一体系建设运行后，将为××公司全面提升企业的风险管理水平提供有力的支持。

课堂活动 2-3

活动 1

每 3～5 个同学为一组，分组讨论以下内容：

1. 保险招标公告的内容与格式。

2. 保险招标文件的组成。

活动 2

每 3～5 个同学为一组，分组练习以下内容:

1. 怎样编制保险招标文件的编制。

2. 如何把握评标程序。

本章小结

本章结合《招标投标法》《招标投标法实施条例》和《政府采购法》等法律法规的要求及实际操作中的常用方法，着重对保险招标的关键环节进行了详细的介绍，这部分内容是招标工作的关键。通过学习本章，应该学会如何运用招标方式进行保险采购，针对关键环节应该注意哪些问题，可以通过案例的训练，进行简单保险项目采购程序的设计及把控。

知识与技能训练

案例分析

一、新建铁路宜昌至万州线土建工程项目

鉴于宜万铁路建设项目“工程浩大、造价奇高、难度空前”，××专业保险经纪公司设计了一套优质的保险经纪服务方案，同时通过一整套完整的保险招投标，具体主要体现在以下几个方面。

(1) 合理划分保险单元。将 42 个工程标段合理划分、组合形成几个独立的保险单元，每个保险单元的保险金额应控制在人民币 10 亿～15 亿元，以满足国内主要几家大保险公司独立承保的要求，以避免国际市场临分再保时“贴费率”现象的发生。当需要招标的标段实际数较少时，则可按实际标的情况分成一个或两个保险单元，形成保险市场的竞争机制，以避免价格垄断和价格联盟。

(2) 合理确定保险项目及保险金额。××公司详细分析了宜万铁路保险项目及保险金额的合理性，区分可保风险及自留风险，以桥梁、隧洞、路基的土建项目为基本投保项目，将一些可暂不投保的项目剔除，例如，轨上部分及有关站场、电力、通信、信号、控制、房屋可暂列为自留风险或通过商业合同转移风险，从而以降低保费的支出。

(3) 量身定做保险方案。宜万铁路建设工程由于碳酸盐岩广泛分布，造成溶洞、岩溶管道(暗河)发育，岩溶水丰富，因地质灾害或水患风险容易引起隧道及施工人员的损失，这种风险给工程造成损失巨大，保险经纪公司在方案中除了保险公司通用的标准附加条款外，还针对宜万铁路工程建设的风险特点设计了隧道工程特别条款、岩溶洞穴路基特别条款、滑坡责任特别条款等，使保险方案更具有针对性。

(4) 规范的招投标、评标和商务谈判。在保险方案确定的基础上，××公司制作了规范专业的《保险招标书》《评标标准》等，严格按照国内招投标法有关规定和程序，并遵循公平、公正、公开的原则，协助工管中心完成了一整套规范化、专业化的招投标工作。整个招投标过程包括招标邀请、招标书澄清、公开开标、标书答疑、评标等一系列工作，这次招标安排是我国铁路工程保险史上首次采取公开招标的形式选择保险公司，经过细致的保险协议商务谈判，最终确定了中标保险公司。

二、某银行全国固定资产统保业务招标历程

中国××银行是四大国有商业银行之一，2002 年年底，以公开招标的方式最终选择了某保险经纪公司作为全行固定资产统保保险经纪人。某保险经纪公司介入该项目后，对全行固定资产统保，如此大规模的保险采购在国内保险界也属首例。本着公平、公正、公开的原则，从××年×月×日开始，某保险经纪公司协助某行成功完成了一套规范化、专业化的招投标、评标和商务合同谈判的操作流程，最终与保险公司签订协议。

(一) 招标的前期准备工作及开标

1. 招标文件的设计

在调研阶段所设计的统保方案基础上，某经纪公司制作了规范专业的招标书。招标书的内容设计建立在调研数据分析的基础上，包括专业技术条款、服务条款与实施条款，在符合保险原理的基础上，将市场上多种险种进行优化组合，针对某行的资产类别、规模、风险特点设计了保险责任和除外责任；服务条款则基于某行的服务要求，对保险公司的办案、索赔和人员服务等内容作出明确规定，并要求保险公司在此基础上给予其他各种优惠服务的设想；实施条款则针对某行确立的统保模式，设计了实施流程，真正起到了量身定做的作用。

2. 招标工作的开展与进行

通过对国内数家大型财产保险公司的资质进行了初步评估和比较，最终确定了采取邀请招标的方式，向国内有资格承保大规模的固定资产保险的 10 家全国性财产保险公司法案招标邀请函，除了××保险公司和××保险公司，其余 8 家公司均参与了竞标。发出标书的同时，固定资产统保评标小组同时成立，小组由共行相关部门负责专家领导，1 名某保险经纪公司的专业保险经纪人员及 4 名外聘专家教授组成，确保了评标工作的公正性和专业水准。

×月×日为标书截止日期，开标会在北京××大厦如期举行，与会的除了统保评标小组所有成员和保险经纪公司的相关人员以外，各参与竞标的保险公司有关领导都纷纷到场，表示出对本次统保工作的高度重视和关注。开标会上，各保险公司依次递交投标书，并在会议现场进行了公开唱标，保险公司代表对结果也进行了确认。

(二) 评标工作、商务性谈判与保险协议的签订

××年×月×日，在综合所有评委意见之后，评标小组针对本次统保的情况指定了科学、合理的评标原则和办法，在分析了各种评比办法的优劣和可行性之后，确定通过逐项打分的方式对各投标单位进行评比，评比标准除了考虑保险公司的费率水平、网点情况、服务质量、银保合作四个客观方面以外，还引入了整体印象综合评分，充分考虑了主管和客观的有效结合。同时，某保险经纪公司将各位评委阅读标书中遇到的种种疑问进行汇总，专门安排了保险公司对标书进行澄清，确保了每一环节、每一要点的清晰性和正确性。在评标小组的通力合作和努力下，对各家保险公司作出了客观评价，确定了最终的综合评分和预中标单位，并依据评分的高低确定了各中标单位参加合同谈判的先后顺序。

×月×日，某保险经纪公司协助某行开始与预中标单位进行合同谈判，由于合同文本内容复杂，要点繁多，需要逐字逐句进行推敲和斟酌，增加了谈判工作的艰巨性。统保工作小组所有成员加班加点，与保险公司代表就协议中所涉及的内容及银保合作事项进行了细致的商务谈判，确保了统保工作的如期完成和协议如期签订。×月×日，经过与多家公司轮流商谈，协议文本最终确定，谈判工作如期完成。

经过保险协议谈判，最终确定了房屋机具类固定资产由A保险公司主承保，其他数家保险公司参与共保；机动车辆固定资产由B保险公司独家承保。×月×日，统保协议正式签订某行所有固定资产统一自××年×月×日起纳入统保，保险期限统一截止日期为××年×月×日。此外在协议中，各家保险公司还对涉及银保合作的资金结算、存款、证券基金认购、电子银行和银行卡等多个方面进行了承诺，这可拓宽某行与保险公司的业务合作，为进一步开展与保险公司全方位的合作提供了思路。

保险协议的签订，表明某行固定资产统保工作获得实质性、阶段性成果，这对规范某行保险管理、改善某行的保险现状具有积极的作用。

(三) 广泛回访并收集意见，合理修订续保方案，顺利完成续保协议签订

在机动车辆保险投标报价方面，某保险经纪公司要求保险公司在投标时按某行各一级分行和直属分行分别报价，这样也为在不同地区安排不同比例的共保提供了可能。

综上所述，某行在全行推行保险统一管理需要分阶段实施，该年的工作重点是通过统保工作保证全行重要资产和风险相对较高的资产得到有效的保障，其他有条件的分行可以自行选择其他险种纳入统保协议。这样既可以提供基本而全面的保障，尽可能节省保费支出，又可以满足不同分行的具体需求。

通过阅读上述案例材料，回答以下问题：

保险经纪公司应如何协助用人单位设计优质的招投标方案？

实训

1. 通过查找相关资料，编写一份完整的保险招标文件，在课堂上分享或在同学之间交流。
2. 熟悉保险招标采购的基本程序。

章节	保险招标采购实务	项目	招标采购的基本程序
工作情景	招标准备、审查、发售、开标、评标、中标、签订合同	学时	4
学习小组		指导老师	
具体工作任务： 1. 教师要求学生分别扮演招标工作人员、供应商等角色，引导学生进入各自角色。 2. 教师提问：什么是招标？ 3. 学生分组讨论，选出代表回答。 4. 教师在学生回答的基础上并点评并作出总结。 5. 教师评定成绩			

复习思考题

一、单项选择题

1. 资格审查方法主要有资格预审和(　　)两种。
   A. 资格后审　　B. 资格再审
   C. 合格制　　D. 有限数量制

2. 开标准备工作主要包括投标文件接收、开标现场、开标资料和(　　)四个方面。

A. 工作人员　　B. 主持人

C. 开标人　　D. 唱标人

3. 评标委员会由招标人代表及技术、经济专家组成，成员人数为(　　)人以上单数，其中招标人代表不得超过1/3，技术和经济方面的专家不得少于2/3。

A. 5　　B. 3　　C. 1　　D. 2

4. 常用的评标方法分为最低评标价法、综合评分法和(　　)三类。

A. 最高评标价法　　B. 性价比法

C. 判断法　　D. 分类法

5. (　　)是指以价格为主要因素确定中标候选保险公司的评标方法。

A. 综合评分法　　B. 最低评标价法

C. 性价比法　　D. 估价法

6. 评标分为初步评审和(　　)两个阶段。

A. 形式评审　　B. 资格评审

C. 响应性评审　　D. 详细评审

二、判断题

1. 招标是一种有序的市场竞争交易方式，也是规范选择交易主体、订立交易合同的法律程序。(　　)

2.《招标投标法》规定，招标人是依照本法规定提出招标项目、进行招标的自然人。(　　)

3. 招标代理机构是依法设立、从事招标代理业务并提供相关服务的社会中介组织。(　　)

4.《招标投标法》规定，投标人是响应招标、参加投标竞争的自然人。(　　)

5. 政府采购方式包括公开招标、邀请招标、竞争性谈判、单一来源采购、询价和国务院政府采购监督管理部门认定的其他采购方式。(　　)

6. 招标人与中标人应当自中标通知书发出之日起60日内，依据中标通知书、招标文件、投标文件中的合同构成文件签订合同。(　　)

7. 招标公告是指招标人在进行保险服务采购时，公布标准和条件，提出价格和要求等，以期从中选择保险公司的一种文书。(　　)

8. 资格后审一般在评标过程中的初步评审阶段进行。(　　)

三、多项选择题

1. 招标投标活动中应当遵循的基本原则为(　　)。

A. 公开原则　　B. 公平原则　　C. 公正原则

D. 诚实信用　　E. 保险利益原则

2. 招标投标主要具有如下哪些特性(　　)。

A. 竞争性　　B. 程序性　　C. 规范性

D. 一次性　　E. 技术经济性

3.《招标投标法》第十条规定，招标分为(　　)。

A. 公开招标　　B. 邀请招标　　C. 竞争性谈判

D. 询价采购　　E. 单一来源采购

4. 政府采购的特点包括(　　)。

A. 公共性　　B. 强制性　　C. 政策性

D. 经济性　　E. 非营利性

5. 资格审查应在坚持“公开、公平、公正和诚实信用”的基础上，遵守(　　)原则。

A. 科学　　B. 择优　　C. 合法

D. 合情　　E. 合理

6. 评标活动应当遵循(　　)的评标原则。

A. 公平　　B. 诚信　　C. 公正

D. 科学　　E. 择优

四、简述题

1. 政府公开招标的操作规程主要有哪些？
2. 如何把握政府邀请招标的操作规程？
3. 保险招标的关键环节有哪些？
4. 简述如何编制招标文件。
5. 简述政府采购的程序。

第三章　保险竞争性谈判采购

课前导读

竞争性谈判采购是目前常见的一种采购方式，与招标采购相比，其操作灵活，更易于获得最优方案和更为合理的费率，更符合保险的行业特点。通过学习本章，应了解谈判采购岗位所需要的素质和能力。

保险采购岗，包括保险采购谈判需求受理岗、保险采购谈判管理审核助理岗、保险采购谈判助理岗、保险谈判计划制订助理、保险采购谈判文件制作与响应情况分析岗、保险采购格式文件编写岗。

知识学习目标

通过学习本章，主要应了解竞争性谈判在采购中的作用和操作原则，熟悉竞争性谈判采购的基本工作规程。

能力培养目标

通过对竞争性谈判采购操作范围和流程的了解，掌握竞争性谈判采购各个环节的相关要求，并能够初步编制竞争性谈判文件。

1. 掌握竞争性谈判采购管理流程。
2. 熟悉全国各省市竞争性谈判采购工作流程及相关法律法规。
3. 了解《保险采购实务》《保险经纪服务》和《保险市场基础知识》的基本理论知识和业务运作流程。
4. 拥有良好的学习能力、沟通协调能力和统筹计划能力。
5. 具有良好的部门内和部门之间的组织和协调能力，良好的谈判技巧，以及良好的人际沟通、团队协助能力。
6. 具备较高的职业道德素质。

教学重点

1. 竞争性谈判采购的实施原则。
2. 竞争性谈判采购的工作规程和相关要求。

教学难点

1. 竞争性谈判文件的编制。
2. 竞争性谈判的操作规程。

引导案例

××年，无锡市政府采购中心通过竞争性谈判，在公务用车定点保险采购前确定了无锡××保险经纪公司为定点保险经纪公司。

根据协议要求，保险经纪公司除了做好投保、理赔服务外，还需要对保险合同后续履约进行管理，同时对公务用车投保数据进行专业采集和审核，为政府摸清公务用车的家底，以便使财政预算更准确、更精细，并要求在一年之内给所有单位至少提供一次公务用车保险培训。

据悉，来自全市40个公务用车投保单位的保险负责人或车队长参加了“无锡市第一期公务用车保险知识培训班”，××保险经纪公司负责人从专业的角度解读了车险条款，市驾驶员协会有关负责人讲解了道路交通事故预防与控制，五家定点保险机构代表讲解了车险理赔流程及注意事项，并与大家进行了面对面的交流。

(资料来源：政府采购信息报. ××年/××月/××日，第001版.)

竞争性谈判是指谈判小组与符合资格条件的供应商就采购货物、工程和服务事宜进行谈判，供应商按照谈判文件的要求提交响应文件和最后报价，采购人从谈判小组提出的成交候选人中确定成交供应商的采购方式。

竞争性谈判在保险采购中可以转移采购风险、缩短准备期、减少工作量、提高工作效率，这不仅使采购项目可以更快地发挥作用，而且可以节省大量的采购程序和时间，从而减少采购成本，使供求双方能够进行更为灵活的谈判。

第一节 保险谈判采购实施原则

一、谈判采购实施原则

(一) 成本与服务并重

成本与服务并重的原则是指保险经纪公司选择的保险公司不仅需要具有很好的成本控制能力，同时在服务的内容、手段和制度等方面也必须具有不可比拟的领先优势。

1. 保险公司成本控制

保险公司的成本控制是指保险公司在保险业务经营过程中，对影响成本的各种因素加强管理，对实际发生的经营费用实行严格的控制，随时公布并及时反馈成本情况，以防止经营过程中出现损失浪费现象，使之最终达到甚至超过预期的成本目标，实现最佳的效益成本比。保险公司在实行成本控制时，不仅要把眼光放在宣传、承保、理赔和防灾防损等保险企业经营成本形成的整个过程，而且应超越这一形成过程，将保险产品的设计开发、宣传、销售、防灾防损和理赔，直至损余物资收回、利用的整个过程作为成本控制过程，以最低的经营成本实现最佳的企业效益和社会效益。

在成本控制方面，保险公司应采取如下一系列措施，以期取得竞争优势。

1) 应建立面向未来的前馈控制

前馈控制是基于现代控制理论，根据受控对象的期望值实施的事先控制。前馈控制要预先估计或假设外部环境对控制对象可能施加的影响及受控部分的未来行为。这种估计或假设的可靠性、详尽程度及其与实际情况的吻合程度对前馈控制具有决定性的作用。前馈控制的重点从产品设计开始，首先对产品功能及目标成本提出要求，这就从根本上解决了功能过剩、成本过高的问题，可以把技术管理与经济管理有机地结合起来。对保险公司的经营成本实施前馈控制，就必须将成本控制从保险产品的经营过程延伸至保险产品的设计过程。保险产品的设计应包括在经营过程中将要发生的费用、赔款支出等。投入市场以后的保险产品，对成本实施控制则仅限于降低赔付率，节约费用支出等措施，而对因保险产品设计缺陷导致的合理支出，则无能为力。“先天不足”会造成“后患无穷”，这已经在机动车辆保险等险种中表现出来。所以，在保险产品的设计过程中，进行成本的前馈控制具有“防患于未然”的重要意义。

2) 要建立投入市场之前的防护性控制

防护性控制也是基于现代控制原理建立的事先控制。它通过在产品投产前，对影响成本的各有关因素进行分析研究，制定出一套适应企业具体情况的成本控制制度。防护性控制的重点在于通过企业内部设置的规章制度来约束成本开支，预防偏差和损失浪费的发生。保险企业的成本控制是其内部控制制度的重要组成部分。它不是孤立存在的，必须适应保险企业的具体情况，并且要有一整套健全的管理制度与之互相配合，在具体的控制过程中必须得到认真的执行。从目前来看，保险企业的成本控制制度主要反映在各种保险业务实务手续和财务制度中，但还不够完善，在具体实施过程中也存在诸多问题：如成本控制制度的执行即实施控制仍然较弱，成本意识还不强，特别体现在费用开支方面还较松，承保理赔质量仍有待于提高；未按责任会计的要求建立成本中心，编制责任预算，未区分可控制成本与不可控成本，使两者混合在一起，不便于进行成本控制；缺少熟练的、对成本实施有效控制的人员等。

3) 要建立基于过去的反馈控制机制

保险企业成本的前馈控制以保险产品的经营成本为控制对象，以达到保险产品的目标成本为控制目标。目标成本作为期望值控制保险产品设计的整个过程。然而，在建立前馈控制系统时是以外部环境与受控部分的行为具有完全的确定性为基础，控制过程不受不可预见因素干扰的影响。而实际情况是保险企业的外部环境和内部行为都在不断变化，仅有设计过程中的前馈控制、保险产品投入市场前的防护性控制和经营过程中的实施控制显然不够。保险企业还应当根据保险产品在经营过程中的信息反馈实施对成本的反馈控制。反馈控制是通过企业内部信息系统，根据受控对象实际值和期望值的偏差来实施的事后控制。反馈控制通过比较保险经营过程成本发生的实际值与期望值差异，分析造成差异的原因，采取相应的控制措施补充改善原先的控制程序，以达到控制成本的目的。因此，信息反馈的及时性对反馈控制的有效性起着决定性的作用。反馈控制的这一特点特别适合对保险经营过程中赔付率的控制。

总之，实施前馈控制为保险企业的成本控制确立了成本目标；预防性控制为保险企业对经营过程中成本的实施控制确定了控制的原则、程序和方法；实施控制则使保险产品经营成本的实际值不断接近期望值；而反馈控制则根据经营成本实际值的信息反馈来补充、修改保险产品的设计，完善成本控制制度，使之更加合理。这就形成了包括保险产品设计过程中的前馈控制、保险产品投入市场前的防护性控制、保险业务经营过程中的实施控制和基于对保险业务经营成本信息反馈上的反馈控制在内的对整个经营过程中经营成本的全过程控制。在控制方式上，采用了前馈控制、预防性控制、实施控制和反馈控制互相并用的组合控制。在控制目的上，实现了保险企业效益和社会效益的统一。

2. 坚持服务并重

保险公司在对成本控制高度重视的同时，还应坚持服务并重的原则。

首先，要通过对保险服务对象进行深入的调查研究，分门别类地进行管理服务，才能更好地吸引服务对象。在巩固已有客户的同时，决不能忽视那些潜在的客户。没有参加保险的社会团体和个人，就是保险公司的新险源。正因为他们没有参加保险，更应重视为他们提供耐心细致的保险产品推荐、宣传服务，使他们了解保险、参加保险。既要重视大型单位保户，也不能轻视小保户。由于大型单位保户资金集中，管理正规，深受广大保险公司的青睐；但是也要以发展变化的眼光看待小保户，因为今日的小保户可能就是明天的大保户。同时，正确对待高风险和低风险的服务对象。保险风险的产生，本身就具有很大的偶然性。风险发生的频率和程度在保险费率厘定时已经给予了考虑。对那些高风险的保户，保险公司应当更多地提高服务质量，帮助他们减少风险发生的机会，而不应有厌烦、冷淡的理由。此外，打破地域局限性是对保险服务对象公平的显示。长期以来，由于受落后的地域观念的影响，在保险服务上也有地方保护主义色彩。对本地保户能给予周到的服务，而对异地保户就服务得不好，尤其表现在代勘查、代理赔上。这是一种自私、狭隘的利益观的表现，是对客户的不公平，不利于保险业的发展。任何客户都应当在保险合同允许的范围内享受应得的保险服务。

其次，保险公司应当把保险服务建立在保险公司的品牌之上。企业的信誉是立世之本。商业保险公司要立于不败之地，必须建立和依赖可持续发展战略。保险公司的服务环节不能脱链。一个好的保险公司，向被保险人提供的保险服务应是配套的、全方位的服务。一个环节的脱链，不仅意味着保险服务不到位，同时也意味着被保险人的利益受到影响。现在国内许多保险公司往往只重视以自身利益为核心的展业理赔环节，售前服务和售后服务基本谈不上。即使出售保险单，也只是一种简单的推销，谈不上服务，而且这种推销有时违背被保险人的意愿，如通过人情关系、权力关系推销，买单易退单难，投保容易索赔难等。既没有承保前的认真宣传解释、对保险公司投资风险的正确测评、保险方案的圆满设计，也没有承保后对被保险人保险标的的全面跟踪服务管理、及时提出防范意见、出险后最大限度地满足投保人的保险利益，而且服务重点错位。既然保险业是第三产业，与被保险人是一种服务关系，那么服务重点就是最大限度地满足被保险人的保险利益。对保险公司来讲，最重要的就是开发设计出能满足市场需求的新产品，这是保险服务内容最基本的要素。而保险品种的最大满足，也必然带动公众保险消费，促进保险市场的发展。

再次，当今世界是高科技时代，是信息时代，是新知识经济时代，一切产业只有使用最先进的管理工具和手段，才能生存和发展。保险行业也不例外。保险企业必须尽可能地运用现阶段已经可以运用的先进手段，增加服务的科技含量。培养造就一支高素质的员工队伍，应以严格的标准筛选、引进高素质人才，要特别重视管理型和技术型人才的引进；同时对现有的员工队伍要优胜劣汰，双向选择，竞争上岗，优化用人机制；另外要重视教育培训，鼓励员工立足本职，提高职工道德素质，增强组织观念，营造先进的企业文化、经营理念，建立奋发向上的企业精神，激活人的潜能。

最后，保险公司必须有现代化的服务措施。建立保险服务互联网，使保险服务更加便捷、高效。在我国现代市场经济条件下，社会分工越来越细，专业化程度越来越高，科学技术对保险管理的渗透越来越强，各种中介机构呼之欲出，中介机构进入保险服务管理领域是必然趋势。因此，保险公司应紧密加强与保险中介公司的联系，这对进一步强化保险市场分工，提高管理效益，都是必不可少的，也是提高服务质量的重要措施。

(二) 保障与防范并行

保险业是从事风险管理的行业，现代保险业虽具有经济补偿、资金融通和社会管理功能，但是保险业最基本、最重要的功能还是保障和风险防范的功能。因此，在遴选保险公司时要对其保障和风险防范的能力进行严格的考察。

1. 商业保险机构的保障能力

(1) 随着市场经济的初步建立，行政性保障在深度上比以前大大减小，留下的空间则由商业保险体系来加以填充。这样，中国的保障制度开始实现根本性的改变，即由基础性的社会保障体系和商业保险代替原来由国家和集体通包通管的行政性保障制度。商业保险提供的保障与政府主导建立的社会保障有很大不同，社会保障只提供对“生存”层面的最基本的保障，而商业保险则提供更高层次的保障。商业保险应当在这种二元的保障体系中占据着重要的地位。因此，应考察这些商业性保险机构能否能够充分运用市场机制，大力发挥商业性的企业养老金市场和医疗健康保险市场，调动企业、个人参与养老和医疗保险的积极性，以减轻政府在社会保障体系方面的负担，改变我国现行社会保障体系中过分依赖国家财政支持而财政又无力承担的局面，从而加快与我国经济发展水平相适应的社会保障体系的建设。

(2) 考察商业性保险机构在应对重大突发性灾害事件时保障功能的发挥。商业性保险公司经过长时间的发展，已经积累了一套较为成熟的应对这种风险的系统方案，并通过相互保险和再保险进一步扩大了风险分担的主体和范围，因而在处理突发性风险事故的某些领域商业保险与政府部门相比有自身的优势。

2. 商业保险机构的防范

防灾防损是保险企业的一项重要职能。对可能发生的灾害或损失，保险公司可以利用自身的组织优势和掌握的财力、人力资源，在事前通过宣传教育、调查和总结灾害的规律、采取预防性措施、规避等方法来降低其发生概率，减少损失。传统上，商业性保险公司只在损失形成之后给予补偿，这并不能减少社会整体的损失数量。而在当前国际成熟的保险市场上，保险公司越来越积极地参与到事前和事中的防灾防损之中，成为整个社会防灾防损网络中必不可少的重要组成部分。

1) 保险公司参与防灾防损活动具有客观必然性

首先，保险业需要防灾防损。这是因为保险公司也是追求利润最大化的决策主体，防灾防损工作做得越好，保险参与者受到的经济损失越小，其需要赔付的就越少，从而就能获得更大的经济利润。相反，如果防灾防损做得不到位，虽然可以通过提高费率的方式应对损失率的提高，但是费率的提高可能会使一部分投保人放弃保险，或者丧失在市场上的竞争优势。正如本杰明·富兰克林所说："一分防范胜于十分补偿。"当用在风险防范上的投入小于它所能挽回的赔付损失时，保险公司就乐于这么做。其次，保险公司拥有参与防灾防损的先天优势。保险公司的日常业务始终围绕"风险"而展开，费率条款的制定、承保、理赔等都是在和风险事故打交道。保险公司在长期的经营中积累了大量的数据资料，对于风险分布、发生概率和损失程度等有较为深入的了解，对于如何做好风险防范、减少事故发生都有比较科学的防范措施。最后，保险公司所处的位置也使它易于进行预防性行为。保险公司也可以通过差异化费率来鼓励投保人采取预防措施，比如对使用不同装置的汽车适用不同的费率。

2) 保险公司的风险防范能力

(1) 保险公司内部能否树立全员的风险意识和防范意识。防范风险是一项系统工程，首先要加强对这项工作的领导，建立领导责任制和分工负责制。同时，要加强对职工经营风险的教育，使大家形成共识，树立全员的风险意识，真正认识到经营风险关系着企业的生存和发展。从而把防范风险变成每个人的自觉行动，融入日常经营管理之中，贯穿于工作的全过程。

(2) 保险公司能否对可保财产进行认真的风险评估，提高承保质量。承保质量直接影响到保险公司的经营收益，因此，要通过展业对风险进行选择，并在此基础上对承保标的做进一步分析、审核。要对可保财产认真进行风险评估。对巨额风险标的，必须经过专家评估，并做好分保工作。同时，要做好核保工作，建立核保制度，实行核保工作目标责任制。

(3) 保险公司能否加强理赔管理，防止和减少风险。理赔是保险资金的重要出口，具体包括"勘查、定责、定损、缮制赔案、支付赔款"五个步骤。要严把理赔关，尤其是关键环节的运作规范和配套措施的落实。要做到：提高现场勘查率，坚持双人勘查事故现场；做好勘查记录，并按情况划定保险责任和赔款金额；认真进行赔案的审查和复核。在当前"道德风险"发生比较多的情况下，基层公司可以与检察院联合成立"保险理赔鉴定中心"，识别和制止形形色色的骗赔案，保障保险公司、被保险人的合法权益，从而提高理赔质量。

(4) 保险公司能否加强财务管理，切实防范资产经营风险。要严格执行财务制度，足额提取各项准备金；要加强对保费的管理，及时收缴存储，防止挪用；要加大逾期贷款的清收力度，努力盘活不良资产；要加强对银行存款的管理，建立健全现金和银行存款的内控制度；要严禁各种形式的担保、拆出资金，严禁私设“小金库”。

(5) 保险公司能否健全内控机制，严格执行各项规章制度。要自觉遵守保险法规，做到依法经营。要严格执行保险监督部门核定的保险条款、费率及财政部制定的有关规章制度。要加强内部监管力量，逐步建立有效的内控制度和监督制约机制。纪检监察部门要严肃查出违法违纪案件；稽核审计部门要加大监督力度，做好各项常规审计和专项审计，发现问题及时纠正。要进一步加强“三防一保”工作，针对薄弱环节采取防范措施，确保财产和资金安全。

(6) 保险公司能否加强防灾防损，科学控制风险。除对承保标的进行承保前的调查和风险识别外，在保险期间应对保险财产采取积极的风险防范措施，尽可能消除危险隐患。此外，还应对保户经常地提供防灾防损咨询服务，要通过防灾防损工作达到对事故的预测、预防和对事故的控制。

(7) 保险公司能否积极发展再保险市场，增强整个保险体系的抗风险能力。再保险是一种增强保险公司风险管理能力、扩大风险转移和风险承担范围的制度安排，它对于现代保险发挥应对大范围、突发性灾害事故的能力具有重要影响。

(三) 历史与未来兼顾

保险公司以前的发展状况以及在未来是否具有强劲的发展潜力也是遴选保险公司的一项重要考核指标。可以分别从资信情况、银保合作水平、分保工作安排、机构设置以及其他综合因素对保险公司的历史经营情况进行评价。

1. 对保险公司资信情况的考核

(1) 应对该保险公司的经营情况进行考核，主要包括该保险公司的市场占有率，近三年来的赢利水平、业务发展和增长情况，近三年来经济行为受起诉的情况，以及近三年来该公司的资产负债情况。

(2) 应对保险公司的承保能力进行考核，承保能力可以用“每一危险单位自留额+法定再保险额度+协议再保险额度”表示，承保能力越高，说明该公司的业务承接能力越强。

(3) 应对保险公司的偿付能力进行评比，评比标准应参照保监会 2003 年第 1 号令《保险公司偿付能力额度及监管指标管理规定》，该规定构筑了对保险公司偿付能力状况监测的两道防线：第一道防线是构筑监管指标预警体系，对保险公司偿付能力状态和变化趋势进行监测，对监管指标超过正常范围的个数达到 4 个及 4 个以上的公司，保监会将要求公司进行解释、提交改进报告，或者实施进一步的检查以评估其偿付能力；第二道防线是对偿付能力额度进行强制性监管，凡是实际偿付能力额度低于法定最低偿付能力额度的，保监会将根据其严重程度分别采取责令提出整改方案、责令分保、限制经营费用规模、责令拍卖不良资产、限制高级管理人员薪酬水平和在职消费水平直至责令停止新业务和依法接管等措施。同时，保监会还将把对保险公司的产品、业务范围、增设分支机构、资金运用渠道等审批事项与公司的偿付能力状况挂钩，将偿付能力是否充足作为一项基本条件，这至少应包括保险公司的最低偿付能力和实际偿付能力两种标准。保险公司的两种偿付能力均应不低于中国保险监督管理委员会颁布的标准，且在超过该项标准后实际与最低偿付能力越高，则对客户越有利。

(4) 该保险公司以往是否具有承保类似项目和其他大型项目的经验及赔付的经验。

2. 对保险公司合作情况的考核

(1) 保险公司的资金结算情况，具体包括资金结算的收益情况；在银行的存款情况，包括币种、额度等；保险公司的融资、代理、电子商务、银行卡、基金托管，以及委托资产、投资银行、国债资金认购及其他业务的情况；在各个领域的合作情况以及紧密度，如合作次数、涉及金额等。

(2) 由于分保安排直接关系到保险公司的承接能力和承保后的理赔服务，因此在对保险公司的分保安排情况考核时，具体应包括如下内容：保险公司在满足自身自留额的基础上，除法定再保险以外的协议分保、临时分保的情况及超出自留额和法定再保险以外的风险分散是否已经得到实际的安排，安排得是否科学、合理，主要考察对巨灾超赔再保险的安排情况如何。

3. 其他综合因素的考核

(1) 保险公司在投标过程中的表现情况。

(2) 保险公司对巨灾事故的预警能力。

(3) 保险公司的商业信誉、社会形象和市场影响力。

(4) 保险公司在合同条款中是否存在一些优惠性条件。

4. 对保险公司未来发展潜力的考察

(1) 保险公司的思想观念能否发生深刻的转变。当前，经济金融全球化、信息化发展很快，全球金融保险业格局正在发生深刻变化。中国保险业对内对外全面开放的进程日益加快，国际先进保险同行纷纷进入国内市场，国内非保险行业加紧开拓保险市场，市场主体快速增加；我国有些保险公司经营和发展的观念仍比较陈旧，还没有形成应对保险业大开放、大竞争的压力与动力。因此，在今后相当长一段时间内，保险公司应当“以市场为向导、以客户为中心”，明确知识型、现代化保险企业的建设方向，确立差异化经营、精细化管理的思想，强化市场化经营、企业价值最大化、最大诚信、知识价值和全球竞争等理念。

(2) 保险公司能否建立起规范的现代公司治理结构。保险公司应当按照国际通行管理和现代企业制度的要求，建立董事会、监事会、股东大会制度，引进独立董事，设立董事会战略规划委员会，审计委员会，提名、薪酬与考核委员会，完成公司治理的各项制度建设，形成权利机构、决策机构、监督机构和执行机构相互制衡的现代公司治理机制。现代公司治理机构的建立，并不是一件很难的事情，重要的是其能否规范、高效运行，能否取得预期的效果，能否在保险市场和资本市场上健康、平稳运行。

(3) 保险公司能否建立起以效益为导向的业绩考核机制和市场化薪酬激励机制。保险企业应当坚持赢利导向，严格考核标准，把省级分公司作为内部模拟一级核算单位，以利润和净现金流为核心加强业绩考核，分配经营资源，贯彻“公平、公正、公开”的原则，实现考核办法科学化、制度化、定量化；将资本市场的压力传导到分支机构，引导各分公司强化效益观念，调动分公司经营管理的积极性和主动性。同时，按照管理科学、权责明确、激励有效、约束有力、竞争择优，以岗位评估为基础、以业绩考核为依据的原则实施薪酬制度改革，充分体现劳动、知识、人才和创造的价值。一是建立比较科学、合理的职级序列。解决因管理岗位职数限制导致技术、营销等人才发展渠道不畅的不合理状况，引入先进管理理念，在合理界定职责、逐级分解职能的基础上，科学设置岗位，开辟多样化的人才升迁渠道，更好地吸引和留住公司发展急需的各类人才。二是制定员工业绩考核指标体系。建立量化指标，紧密联系业绩考核与薪酬制度，更好地发挥激励作用。三是可以实施高级管理人员股票增值权计划，建立高级管理人员激励机制，使公司高级管理人员的薪酬与公司业绩及股票表现挂钩。

(4) 能否进一步完善风险控制机制。一是要在制度上控制经营风险，通过制定承保、理赔、财务、业务全流程的管理办法和操作指南，制定更为详细的经营管理规范来控制经营风险。二是要从技术上防范管理风险，加强数据信息系统建设，推进单证管理系统、业务系统、收付费系统、财务系统、再保险系统、客户系统六大系统整合，实现数据集中，提高数据质量；加强精算体系建设，规范准备金提取，合理评价经营业绩。三是从组织架构上控制系统性风险，减少核算单位，实行选择性承保，实现保赔分离。

(四) 保险公司的选择

1. 机构合法性

选择承保的保险公司首先要注意它的经营资格。依法成立的保险公司要经过中国保监会的严格审批，在资金和技术上有绝对的实力，而且时刻都要受到有关部门的严格监管，依法成立的保险公司只存在服务质量和技术水平上的差异，绝不会出现欺骗客户的情形。同时，待选保险公司的资质及社会影响力等基本情况能够说明公司运作的合法性及整体服务情况。

保险公司应提供中国保险监督管理委员会批准设立时间、注册资本金、股东情况、管理体制、公司部门设置等；社会对公司经营情况的评价；近三年净利润情况、佣金收入、市场占有率，近三年会计师事务所对公司年终审计报告复印件，以及《经营保险业务许可证》《营业执照》副本复印件。

2. 偿付能力

偿付能力的强弱与其承担的风险相对应，是相对的概念。从公司财务来讲，其内容表现为一定时期内企业资产同未决负债之间的差额，一般由资本金、总准备金与未分配盈余组成。资本金、总准备金和未分配盈余共同构成保险公司的偿付准备金，偿付准备金的变动，体现着偿付能力的消长。通常用偿付准备金，即资本金、总准备金和未分配盈余同净收入保费对比，来确定偿付能力的边际水平，即偿付能力的相对指标。用公式表示为：偿付能力边际=资本金+总准备金+未分配利润/净收入保费。

3. 商业信誉

保险公司良好的商业信誉和在社会公众心目中的地位是保险经纪公司遴选保险公司的又一重要条件。

良好的商业信誉是保险公司自身发展的基础。首先，良好的商业信誉有利于提高保险企业的管理水平。企业的信誉度是客户对企业产品、销售人员能力和管理水平的综合评价。管理水平的高低体现在对客户服务的质量上，管理水平较高的企业办事效率较高，对客户需求的响应快。其次，有利于保险企业降低营业成本，企业的商业信誉越高，客户群体就越稳定，经营成本也就越低。最后，保险企业良好的商业信誉有助于树立品牌效应，促进经济效益和社会效益的同步提高。

保险公司商业信誉的好坏可以从以下五个方面来考察，即经营环境、管理质量、资产质量、赢利能力和理赔质量。

(1) 经营环境。主要从以下三个方面进行分析：一是保险公司所在地区的经济发展水平、居民收入水平和保险意识。二是行业分析。主要分析行业的垄断、竞争程度。一家保险公司如果占领了保险市场的绝大部分，或在险种经营上具有明显优势，则其财物实力肯定强于其他保险公司。三是管制环境。分析的重点是国家金融制度以及保险公司在其中所起的作用，经营环境是保险公司生存和发展的重要外部条件。

(2) 管理质量。主要考虑如下因素：高层管理人员的经验、水平、信心和品质；高层管理人员是否对下属管理人员和工作人员实施有效的监督；管理人员和一般职员的培训水平和业务素质；内部控制制度是否健全，是否得到认真的贯彻实施。管理完善的保险公司可以减少经营风险，增强偿付能力。

(3) 资产质量。保险公司在确保对投保人责任的同时，可以将资金进行有效运用，用投资和贷款的收益来增强赔付能力。因此，资产质量是保险监管机关衡量一家保险公司总体经营状况的重要依据。

(4) 赢利能力。保险公司赢利是业务发展的动力，反映赢利能力的指标主要有资产利益率和资本金利润等几项指标。

(5) 理赔质量。理赔质量是分析保险公司信誉状况的重点。理赔质量具体包括：是否存在滥赔、惜赔现象；理赔是否及时、准确；售后服务是否跟得上客户的需要；保险公司是否注重投保单位的防灾防损等内容。

参照国际惯例，对保险公司的商业信誉可分为三个等级：第一等级包括四个信用等级，即AAA级、AA级、A级和BBB级；第二等级包括三个信用等级，即BB级、B级、CCC级；第三等级包括两个信用等级，即CC级、C级；每个等级可用“+”和“-”进行微调。保险公司最高信誉等级为AAA级。评级的具体标准如下：AAA级保险公司具有较强的偿付能力，并享有很高的信誉，其偿付能力在任何情况下均不受影响。AA级保险公司的偿付能力仅次于AAA级公司。A级保险公司的偿付能力良好，但当出现大的灾害时，其偿付能力易受到影响。BBB级保险公司的偿付能力一般，不够稳定，经营良好。BB级保险公司的偿付能力一般，经营历史短，经营业绩一般。B级保险公司经营历史短，偿付能力不稳定。CCC级保险公司的偿付能力弱，经营微利甚至亏损，时有出现不能按合约履行其客户责任的情况。CC级公司的偿付能力很弱，经营亏损，常有违约情况。C级公司偿付能力很差，经营亏损，几乎没有偿付能力。纳入第三等级的保险公司如不立即采取重大挽救措施，很有可能会慢慢倒闭。

二、保险公司准入的一般标准和规定

案例 3-1

响应人资格要求(节选)

合格响应人应首先符合《政府采购法》第二十二条规定的基本条件，同时符合根据该项目特点设置的特定资格条件。

(一) 基本资格条件

1. 具有独立承担民事责任的能力。在中华人民共和国注册，获得工商部门颁发法人营业执照(或法人授权分支机构)的具有经营资格的经济实体，且在项目所在地有固定经营场所的专业保险机构。
2. 具有良好的商业信誉和健全的财务会计制度。
3. 具有履行合同所必须的设备和专业技术能力。
4. 有依法缴纳税收和社会保障资金的良好记录。
5. 参加政府采购活动近三年内，在经营活动中没有重大违法记录。

(二) 特定资格条件

1. 具有中国保险监督管理委员会审批的保险业务经营许可证。
2. 具有中国保险监督管理委员会或其他市级(含)以上分支机构关于同意保险条款费率批复文件。
3. 具备同类项目承保和服务经验。

……

(资料来源：中国采招网.)

案例启示

通过上述案例可以看出，保险采购文件中对响应人的要求是必备要素，这个环节是保险公司准入条件的具体体现，除了一些常规的要求，如法人资格、财务制度、无违规行为等内容以外，针对不同类型的保险采购项目而言，对响应人的要求也不尽相同，一般会针对项目特点设定个性化的要求。

(一) 保险公司准入的一般标准

1. 具有同类项目的经验

准入的保险公司应当在以往的经营过程中承保过同类或类似的项目，同时应熟悉该类项目保险管理的整体情况，并能够借鉴其他项目经验更科学、合理地安排今后的保险项目。项目经验越充分，越有利于本项目的实施。

2. 服务机构的覆盖率应达到一定标准

对于统保项目来说，在选择保险公司的时候应考察其分支机构的覆盖率。分支机构的设置直接关系到该保险公司是否能为客户提供优质的保险服务，是保证服务质量的必要条件。分支机构仅指经中国保险监督管理委员会批准设立的分公司，其设置主要考察分支机构的覆盖率。覆盖率可反映出准入的保险公司在所具有的服务网络优势，机构网点多的保险公司，说明其业务开展范围大，投保人可以享受规模经济的好处。规模经济是指企业产出水平的增长速度高于生产成本的增长，即企业提供的产品越多，单位产品的成本越低，从而价格也就降低了，投保人可以享受同样的服务，却只需付出较小的代价。在覆盖率的基础上，还需要考察各个服务机构设立的时间，设立时间长，则标明该保险公司在当地已具有一定的市场地位、服务经验与服务能力；除此之外还要考察各服务机构是否有固定的营业场所，有一定的办公设备以及交通工具等，以保证服务的实施。

3. 具有电子信息数据管理系统

电子信息数据管理系统可以反映出响应单位对客户信息管理的能力，客户信息管理能力强的，对基于数据的获得而产生的量化分析才具有可信度。因此，准入的保险公司应具备电子信息数据管理系统和数据收集统计功能，并能够保证电子信息系统的稳定运行。

4. 优秀的服务团队

准入的保险公司应当具备一支优秀的服务团队，团队中人员的配备应当合理，人员的专业性应符合国家规定的标准，以便能够保证服务的顺利实施以及服务质量的不断提升。

5. 合理的保险费率

费率是保险供给和保险需求之间交易的价格，是保险产品价值的反映。理论上保险费率的定价选择有两类，一是边际成本定价；二是平均成本定价。保险公司在厘定保险费率时应体现公平、合理的原则，既要考虑保险经营过程中的实际赔付率和费用率，在金融市场、证券市场和保险市场开放的今天，更应考虑资金价格、投资价格、再保险价格、资产价格、劳动力价格和中介价格等，保险公司收取的保费应与保险公司所承担的风险相匹配。在保险金额一定的时候，低风险标的相应的费率应较低，高风险标的相应的费率应较高。保险公司在厘定费率时首先应当密切关注保险费率市场的变化。第一，随着网络的普及以及信息技术的提高，保险公司应运用高新技术手段和现金的方法，对保险费率的变动趋势进行科学的预测，主要包括费率变动方向、变动水平和变动周期等，运用数理统计、经济学方法和先进的技术手段，对费率进行科学的预测。第二，应建立科学的保险费率定价机制。随着保险费率市场化进程的加快，保险公司自主定价的范围将不断扩大，这就要求保险公司能够建立起一套科学的费率定价机制，才能保障公司的经营效益，巩固竞争地位。要实现其目标，各保险公司根据自身的资产负债比例、经营目标、偿付能力等制定本公司的基准费率；总公司根据各分公司所在地的风险分布情况、地区发展情况、当地同业竞争情况及各分公司的经营管理水平，确定各分公司在基准费率基础上浮动的比例；各保险公司应建立一套保险费率执行的反馈系统，及时掌握市场保险的变动，随时对保险费率作出相应的调整。

6. 良好的组织管理能力

良好的组织管理能力是保险公司健康、可持续发展的重要保证，保险公司的最高管理层在实施组织管理时，必须冷静地分析顾客的需求和期望以及所面临的市场，十分明确地界定市场和客户需要什么样的保险和什么样的专业服务。为此，保险公司至少应做到以下几个方面。

(1) 明确保险公司的市场定位和客户需求，营建一个有质量意识和满足客户要求的环境，建立文件化的管理方针和管理目标。识别客户需要和要求的目的在于使顾客对组织提供的产品或服务建立信心，同时也有助于明确公司的市场定位。对于保险公司来讲，顾客是一个很广泛的概念，它既可以是集团公司、股东，也可以是政府机构、学校甚至个人。这就更需要保险公司从组织架构上建立相应的机构，实施相应的程序或规定去识别这些需要并满足这些需要。

(2) 健全组织结构，明确各部门管理职责。保险公司应当实现组织结构的虚拟化、柔性化。未来学家托夫勒说："在知识经济时代，经营的主导力将从经营能力、资本能力过渡到信息能力和知识能力。"随着知识经济时代的到来，大量的劳动力将游离于固定的企业系统之外，组织形式将由以往庞大合理化的外壳逐渐虚拟，办公流动化、办公家庭化必将受到广泛青睐。同时，保险公司为了适应信息化管理模式的要求，建立一些临时性的、以任务为导向的团队式组织。保险公司借助这种组织结构的柔性，来实现组织集权化和分权化的统一，稳定性和变革性的统一。例如，把一个保险公司的组织结构分为两部分：一部分是为了完成组织的一些经常性任务而建立的组织结构，这部分组织结构比较稳定，是组织结构中的基本组成部分；另一部分是为了完成一些临时性的任务而成立的组织结构，是组织结构的补充部分，如各种项目小组，它们由各种专家和技术人员组成。深圳人保分公司从 2004 年开始对原来按险种划分业务管理部门的组织体系进行了改革，建立起以"功能"为划分原则的业务管理机构，根据保险业务流程，突出了核保和核赔专业的分工，成立承保管理中心和防灾理赔中心。此外，根据基层展业团队建设和市场营销的需要，成立了市场开发部。为了提高组织机构的效率，该公司还推出了无边际管理模式，即根据各个时期不同的发展主题和任务，按照管理与技术要求，在不改变人事隶属关系的前提下，组成不同的项目小组和工作小组，整合公司资源，发挥整体优势，提高市场反应速度和决策效率。总之，在虚拟化、柔性化的组织结构模式下，保险公司将技术、知识、管理和人力等多种资源整合于一体，使各种生产要素紧密结合，协调运作，充分发挥各种资源的优势，既可缩短保险产品开发周期，保证服务质量，又可降低业务成本，提高企业的竞争能力。

(3) 对新险种的设计与开发进行管理。新险种的开发是财产保险公司扩大市场占有率的重要工作，财产保险公司应对下面的各项要求进行控制：为每一个新险种的设计与开发制订计划；规定新险种所需满足的要求，这些包括潜在客户或市场的要求、适用的法规和法律的要求；在新险种设计和开发的适当阶段，对设计结果进行正式和系统的评审，以便于随后的跟踪；进行设计和开发确认，以确认新险种在预期的条件下能够满足潜在客户或市场的需求。

(4) 对承保、核保和理赔的过程进行管理。承保、核保和理赔是财产保险公司中最为重要的过程控制，一旦出现问题，就会导致公司的损失或客户的不满意。财产保险公司应建立承保、核保和理赔的作业流程，并形成书面的《承保、核保控制程序》和《理赔控制程序》，在必要的时候，这些流程应可以提供给客户。

① 承保、核保的过程控制。承保和核保的主要工作就是在授权人正式签署保险单之前，确认投保人保险标的的承保条件是否为公司所接受，由于财产保险公司业务范围相当广泛，针对不同的险别应有不同的工作指引予以说明，这些工作指引至少包含财产保险工作指引；货物运输险承保工作指引；责任险承保工作指引；高风险项目承保工作指引等。

② 理赔控制过程。保险理赔直接体现了保险职能和履行保险义务，履行保险义务又是保险信用的具体体现，为此公司应建立书面的《理赔控制程序》对理赔工作中的各项活动予以规定，这些活动包括损失通知、损失检验、单证审核、损失原因的核实、核定损失程度和数额、损余处理及给付赔款。由于理赔工作与各险种的具体情况直接相关，财产保险公司还要为各险种的实际理赔建立书面的工作指引，以指导这些具体险种的实际理赔工作，这些指引至少包括：企业财产保险理赔工作指引；车辆保险理赔工作指引；货物运输险理赔工作指引；责任险及其他财产险理赔工作指引；重大疑难案件理赔工作指引等。

(5) 售后服务的管理。财产保险公司为了提高服务水平，尽可能让客户感到满意，还应对售后服务过程进行严格的管理。保险热线电话是保险公司售后服务的最直接体现，客户在投保后可能仍然有许多问题需要及时了解，而咨询营销员则有可能不够全面。这样，保险热线电话就可以直接解决客户的咨询、报案与投诉。各部门应及时对客户的咨询、报案和投诉予以处理并记录处理结果。保险防灾防损是指防止自然风险和社会风险的发生和防止损失的继续扩大，其目的在于减少社会财富的损失，同时可以减低保险企业的经营成本。财产保险公司应编制防灾防损工作指引。

(二) 保险公司准入的规定

1. 专门组织

准入的保险公司应当成立专门的组织机构来负责对重大项目的管理工作。该项目部的人员应当具有大型项目的承保经验和优秀的专业知识，该项目部应当充分利用整体优势，调动整个部门的积极性，有效整合社会资源，达成每一个项目的战略目标。

2. 共保体

共保是指由多家保险公司共同承保同一笔保险业务。共同保险可分为两种不同类型：一是投保人就同一保险标的同时与两家或两家以上的保险公司签订一份保险合同，在发生赔偿责任时，保险公司按承担的份额比例分担。二是在不足额保险时，其不足额部分应视为被保险人自保。

对于大型保险采购项目，应当建立“共保”模式。第一，“共保”模式能够提高参加公司的承保能力。一般而言，这种大项目的保险金额巨大，往往超过了一家保险公司的承保能力，这时候除了“再保险”这种纵向风险分散方式之外，还有“共保”这种横向风险分散方式可供选择。第二，在项目中采用“共保”的模式符合所有参加公司利益最大化原则。这一点也是“共保”模式适合这类业务的最重要的原因。因为，如果不采用“共保”模式，由于承保技术、承保能力和市场竞争能力的限制，单个保险公司一般没有能力承保这类业务，即使勉强承保，在国际分保时往往也处于非常不利的谈判地位。相反，如果采用“共保”模式大家都能够扩大自身的业务规模和范围，提高自身的市场竞争力。也就是说，不采用“共保”模式，保险公司只能舍弃这类业务所能够为其带来的利润，采用“共保”模式却能够为其带来可观的利润，“共保”能够让它们在相互合作中实现利益最大化。各家保险公司自然也就具有参加“共保”的积极性，并努力长期维护这种合作关系。第三，一些保险公司在业务经营的初期由于缺乏基础数据，对风险的分布规律认识不足，经营面临较大的风险。这时，如果实行“共保”则有利于实现数据共享，并发挥各家保险公司的技术优势，加速对风险分布规律的认识，提高承保技术，促进市场的发育，为最终的充分自由竞争创造条件。

案例 3-2

全国客运索道责任保险统保

2010 年 11 月，在国家安全生产监督管理总局、国家质量监督检验检疫总局特种设备局的支持下，××公司受托成为全国客运索道责任保险统保示范项目保险经纪服务人。2011 年 6 月，客运索道责任保险全国统保方案由××公司设计完成初稿，经过多次内部审议、征集客运索道企业代表意见、与保险公司意向沟通，修改完善后最终确定。与目前市场上同类产品相比较，全国客运索道责任保险统保方案具备的优势包括强化事故预防职能、保障范围广、保险费率低、赔偿额度高等突出特点。

鉴于全国客运索道责任保险统保示范项目的规模和特点，××公司协助采取竞争性谈判的方式向市场公开选拔保险公司。全国客运索道责任保险竞争性谈判从全国保费经营前 20 名的保险公司中筛选，最终确定了以中国人民财产保险股份有限公司为首席承保公司的共保体，并于 2011 年 12 月 18 日举行了项目签约仪式，项目正式启动。自全国客运索道责任保险统保示范项目正式启动以来，本着“政策引导、行业推动、企业参加”的原则，在国家质检总局特种设备局、国家安监总局的指导与支持下，统保示范项目推广工作取得了初步成效。

课堂活动 3-1

每 3～5 个同学为一组，分组讨论以下内容：

1. 保险谈判采购的实施原则。
2. 如何选择保险公司。

第二节　保险谈判采购操作规程

一、谈判采购操作流程

(一) 一般保险采购项目流程图(图 3.1)

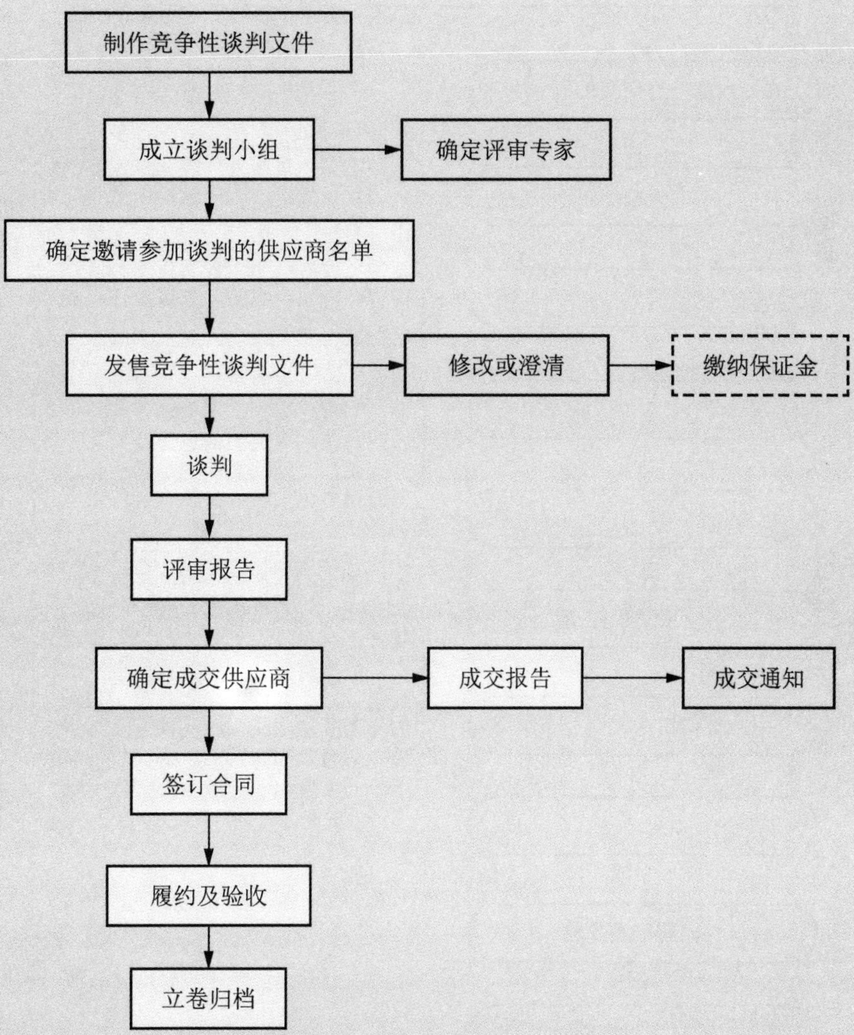

图 3.1　一般保险采购项目流程

(二) 政府采购保险项目竞争性谈判流程图(图 3.2)

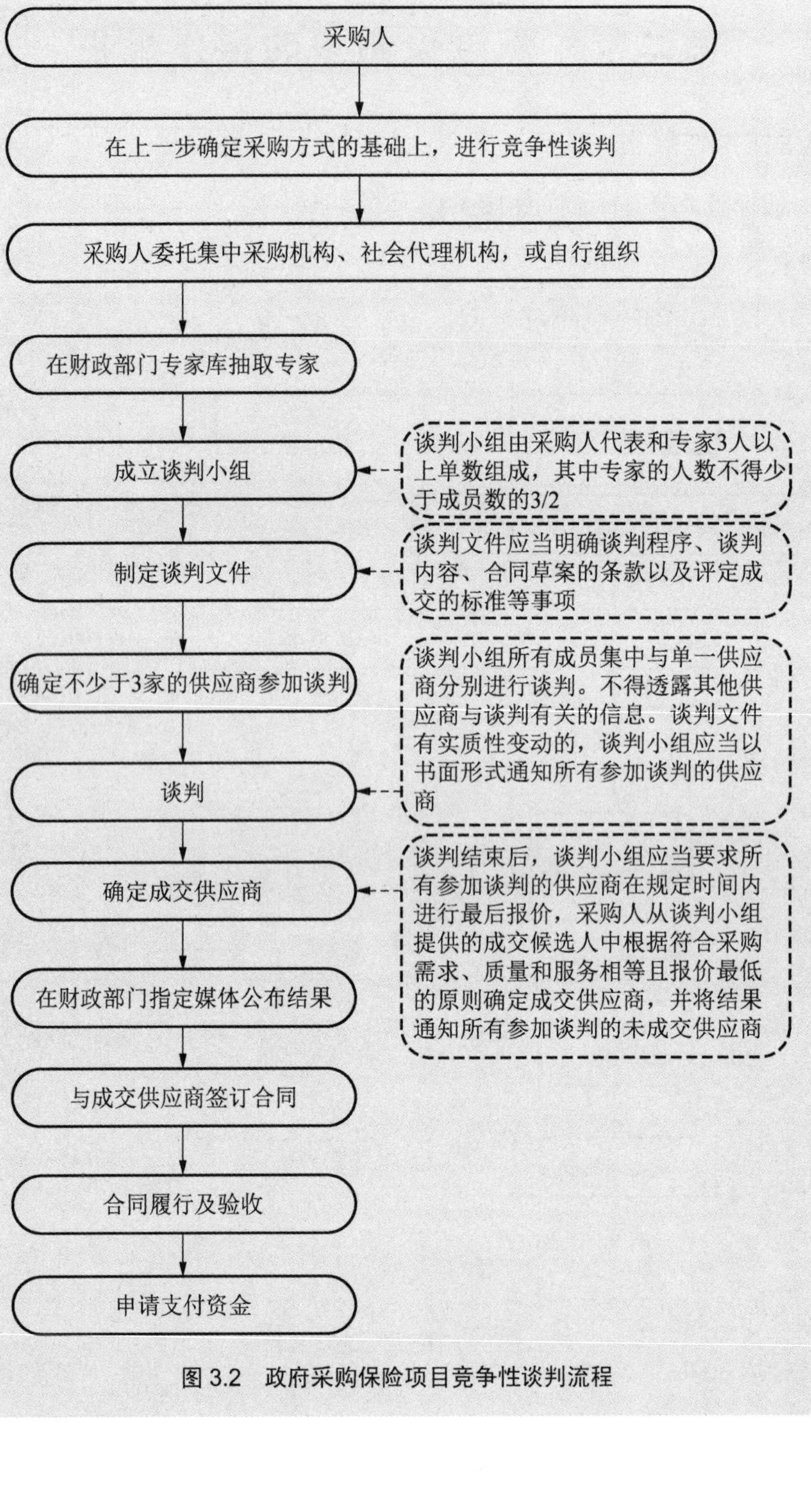

图 3.2　政府采购保险项目竞争性谈判流程

根据《中华人民共和国政府采购法》和“中华人民共和国主席令第68号”，保险竞争性谈判采购应当遵循下列程序。

1. 成立谈判小组

谈判小组由采购人的代表和有关专家共3人以上的单数组成，其中专家的人数不得少于成员总数的2/3。

2. 制定谈判文件

谈判文件应当明确谈判程序、谈判内容、合同草案的条款，以及评定成交的标准等事项。

3. 确定邀请参加谈判的供应商名单

谈判小组从符合相应资格条件的供应商名单中确定不少于3家的供应商参加谈判，并向其提供谈判文件。

4. 谈判

谈判小组所有成员集中与单一供应商分别进行谈判。在谈判中，谈判的任何一方不得透露与谈判有关的其他供应商的技术资料、价格和其他信息。谈判文件有实质性变动的，谈判小组应当以书面形式通知所有参加谈判的供应商。

5. 确定成交供应商

谈判结束后，谈判小组应当要求所有参加谈判的供应商在规定时间内进行最后报价，采购人从谈判小组提出的成交候选人中，根据符合采购需求、质量和服务相等且报价最低的原则确定成交供应商，并将结果通知所有参加谈判的未成交的供应商。

二、谈判准备工作

成功的保险谈判必须从妥善的规划开始，因此，首先要做好保险谈判的整体规划。

(一) 制订采购计划

为了保证谈判采购的顺利进行，项目组在正式实施竞争性谈判前，应制订竞争性谈判工作计划，内容包括以下几个部分。

(1) 成立谈判工作小组明确分工。

(2) 采购成本预算。

(3) 制定谈判采购工作议程。

(4) 明确谈判采购目标。

(5) 制定谈判策略。

(6) 制作谈判手册。

(7) 准备谈判所需格式化文件。

(8) 安排与布置谈判现场。

延伸阅读 3-1

竞争性谈判准备工作清单

一、谈判前工作

1. 竞争性谈判邀请函的发放。

2. 制作《××责任保险全省/市统保竞争性谈判文件领取表》。

3. 落实谈判文件定稿。

4. 落实打印谈判文件。

5. 落实总公司参加谈判人员，是否需要住宿。

6. 落实项目部参加谈判人员。

7. 落实卫生局参加谈判人员。

8. 落实评审委员会成员，是否需要住宿，住宿几天，住宿标准，午餐，晚餐等，以及相关费用。

9. 落实会场地址，会场的布置，横幅，水果，水，桌椅，电源等。

二、谈判期间工作

1. 物品类包括笔记本电脑，计算器，签字笔，打印机，打印纸，订书机，夹子，铅笔，橡皮，照相机，录音笔、裁纸刀。

2. ××负责准备相关物品。

3. ××负责评委的签到。

4. ××负责保险公司签到。

5. ××负责保管响应文件，现场原始签字文档的汇总登记保管。

6. ××负责参与清整。

7. ××负责照相。

(二) 制定谈判文件

案例 3-3

谈判邀请函

各(潜在)报价人:

某某采购服务有限公司(以下简称“采购代理机构”)受市公共交通总公司(以下简称 “采购人”)的委托，就市老年人优惠乘坐公交车人身意外保险采购项目(编号：略)邀请合格的国内报价人提交竞争性谈判(以下简称“谈判”)报价文件，现将该项目采购文件进行公示，公示期为五个工作日，有关事项如下:

1. 项目谈判内容

(1) 项目内容：市老年人优惠乘坐公交车人身意外保险采购项目。

(2) 相关服务：为保障老年人的权益，降低企业运营风险，我市对 60 周岁以上乘坐公交车的老人，每年统一集体购买乘车意外伤害保险。服务合同期为一年，成交供应商领取中选通知书后 2 天内要与采购方签订合同，签订合同之日起 1 个日历天内保险责任生效。(详细内容请参阅采购文件中的相关内容，报价人必须对全部内容进行报价)

服务名称	车辆数量	每辆车投保人数	每人投保保费金额	最高限价	服务期限
市公共交通总公司	466 辆	11 人	30 元/人	16 万元	2013 年 8 月 1 日 0 时至 2014 年 7 月 31 日 24 时
保险金额(起点)： 1. 赔偿限额：每座(人)发生乘车事故赔偿限额：人民币 15 万元：其中死亡、伤残赔偿金 11.5 万元；医疗费 3.5 万元。 2. 医疗费免赔条件：每次事故免赔额 100 元，赔偿比例 80%。					

(详细内容请参阅谈判文件中的相关内容，报价人必须对全部内容进行报价)

2. 本谈判文件规定的时间(本次谈判均使用北京时间，24 小时制)

(1) 购买谈判文件时间：2013 年 7 月 18 日至 24 日(节假日除外)每天上午 9:00～11:30，下午 2:30～5:00。

(2) 递交报价文件时间：2013 年 7 月 31 日上午 9:30～10:00。

(3) 报价截止时间：2013 年 7 月 31 日上午 10:00。

(4) 谈判时间：2013 年 7 月 31 日上午 10:00。

3. 采购代理机构和采购人将不负责报价人准备报价文件和递交报价文件所发生的任何成本或费用

4. 合格的报价人基本条件

(1) 本市设有直属的保险分支机构(分公司或中心支公司)，该机构能独立提供响应文件要求的所有服务。

(2) 根据保监会规定，可承保保险标的的资格。

(3) 根据保监会规定，承保相应保险险种的资格。

(4) 具备与保险标的相符的承保能力。

(5) 有承保同类项目连续 3 年以上经验的。

(6) 近三年参加政府采购中没有违法违规等不良记录(提供检察机关出具的近三年《查询行贿犯罪档案结果告知函》)。

(7) 本项目不接受联合体报价。

(8) 已登记报名并购买了谈判文件。

5. 本谈判文件规定的地点

……

招标采购服务有限公司

××年×月×日

(资料来源：中国采招网.)

案例启示

通过上述案例可以看出，谈判邀请是采用竞争性谈判方式进行保险采购的项目，在谈判文件中，必不可少的组成部分。其功能与招标公告及招标邀请类似，均是针对采购内容、方法、时间等内容的告知，让潜在响应方对采购项目有初步的认识。

谈判文件应当根据采购项目的特点和采购人的实际需求制定，并经采购人书面同意，明确谈判程序、谈判内容、合同草案的条款及评定成交的标准等事项。采购人应当以满足实际需求为原则，不得擅自提高经费预算和资产配置等采购标准。谈判文件不得要求或者标明供应商名称或者特定货物的品牌，不得含有指向特定供应商的技术、服务等条件。

(三) 成立谈判小组

案例 3-4

谈判方法(节选一)

根据《政府采购法》及相关规定确定以下谈判方法、步骤及标准。

一、总则

(一) 谈判小组

1. 本次采购依法组建谈判小组。谈判小组由 3 位谈判专家组成(在省政府采购专家库里随机抽取)。谈判小组负责全部的评审工作，任何人不得干预谈判小组的工作。评审专家(不含采购人代表)有下列情形之一的，受到邀请应主动提出回避，采购当事人也可以要求该评审专家回避。

(1) 三年内曾在参加该采购项目供应商中任职或担任顾问的。

(2) 配偶或直系亲属在参加该采购项目的供应商中任职或担任顾问的。

(3) 与参加该采购项目供应商发生过法律纠纷的。

(4) 谈判小组中，同一任职单位评审专家超过两名的。

(5) 任职单位与参与该采购项目供应商存在行政隶属关系的。

(6) 参与谈判文件论证的。

(7) 法律、法规、规章规定应当回避及其他可能影响公正评审的。

2. 本次采购采用竞争性谈判方式进行，评审由谈判小组负责完成。谈判小组将只对确定为实质上响应谈判文件要求的报价、澄清和最终报价等内容进行评审；实质上没有响应谈判文件要求的报价文件将被视为无效报价。

3. 对谈判文件中描述有歧义或前后不一致的地方，谈判小组有权按法律法规的规定进行评判，但对同一条款的评判应适用于每个报价人。谈判小组在谈判及评审过程中出现意见不一致时，遵循少数服从多数原则。

4. 谈判小组依法根据谈判文件的规定与报价人进行谈判及对报价文件和最终谈判结果进行评审，并据此推荐成交候选人。

5. 参加谈判工作的所有人员应遵守《中华人民共和国政府采购法》《广东省实施〈中华人民共和国政府采购法〉办法》及相关法律法规的规定，严格保密，确保竞争性谈判工作公平、公正，任何单位和个人不得无理干预谈判小组的正常工作。

6. 代理机构对谈判过程和重要谈判内容进行记录。

(二) 评审方法

1. 本次谈判项目的评审采用经评审的最低价法。即在符合采购需求的前提下，以提出最低报价和较高医疗赔偿值的供应商作为成交供应商，对本谈判项目各子项分别进行评审。

2. 评审分三阶段进行：第一阶段进行资格性和符合性审查及价格评审；第二阶段进行技术商务谈判；第三阶段进行第二次报价、最终报价。

3. 评审基本原则：评审工作依据《中华人民共和国政府采购法》，以及国家和地方政府有关政府采购的规定，遵循"公开、公平、公正、择优、诚实信用"的原则。

4. 评审以谈判文件、报价文件、澄清文件、谈判承诺文件和最终报价为依据，本着公正、科学、客观、平等竞争的精神，推荐技术先进、报价合理、经验丰富、信誉良好、售后服务好及综合实力强的成交报价人。

……

(资料来源：中国采招网.)

案例启示

通过上述案例可以看出，采取竞争性谈判方式进行保险采购，谈判小组的组成以及评审方法需要在谈判文件中体现。谈判小组的组成有其特有的要求，评审方法的选择，除了需要遵循法律法规的限制以外，还要考虑不同采购项目的特点而定。

1. 政府采购项目要求

谈判小组由采购人的代表和有关专家共 3 人以上的单数组成，其中专家的人数不得少于成员总数的 2/3。竞争性谈判小组由采购人代表和评审专家共 3 人以上单数组成，其中评审专家人数不得少于竞争性谈判小组成员总数的 2/3。采购人不得以评审专家身份参加本部门或本单位采购项目的评审，采购代理机构人员不得参加本机构代理采购项目的评审。达到公开招标数额标准的货物或者服务采购项目，或者达到招标规模标准的政府采购工程，竞争性谈判小组应当由 5 人以上单数组成。

2. 其他类型项目要求

一般由采购人谈判代表、专业经纪公司谈判代表、保险专家、项目所处行业专家及法律专家等代表组成。负责从符合相应资格条件的保险公司名单中确定不少于 3 家的保险公司参加谈判，审查保险公司的响应文件并作出评价；要求保险公司解释或者澄清其响应文件；编写评审报告等工作。在这个环节中，往往需要确定主谈人及辅谈人。

(四) 确定评审专家

采用竞争性谈判方式采购的政府采购项目，评审专家应当从政府采购评审专家库内相关专业的专家名单中随机抽取。技术复杂、专业性强的竞争性谈判采购项目，通过随机方式难以确定合适的评审专家的，经主管预算单位同意，可以自行选定评审专家。技术复杂、专业性强的竞争性谈判采购项目，评审专家中应当包含 1 名法律专家。

(五) 确定参加谈判的供应商

采购人、采购代理机构应当通过发布公告、从省级以上财政部门建立的供应商库中随机抽取或者由采购人和评审专家分别以书面推荐的方式邀请不少于 3 家符合相应资格条件的供应商参与竞争性谈判采购活动。

采取采购人和评审专家书面推荐方式选择供应商的，采购人和评审专家应当各自出具书面推荐意见，采购人推荐供应商的比例不得高于推荐供应商总数的50%。

延伸阅读3-2

竞争性谈判邀请公告

根据《中华人民共和国保险法》《中华人民共和国政府采购法》的相关要求，现就××项目采用竞争性谈判的方式进行采购的信息公告如下。

一、基本信息

1. 项目名称
2. 项目编号
3. 采购方式：竞争性谈判
4. ※采购保险险种
5. 资金来源
6. ※项目概况
7. 采购原则：为保障此次统保项目的顺利实施，在遵守《中华人民共和国政府采购法》《中华人民共和国保险法》和国家保险监管机构有关规定的前提下，本着公开、公平、公正的原则，确定成交供应商。

二、※采购人信息

1. 采购人
2. 采购人地址
3. 采购人联系人及联系方式

三、采购代理机构信息

1. 采购代理机构
2. 采购代理机构地址
3. 采购代理机构联系人及联系方式

四、响应人基本要求

1. 响应人必须是经中国保险监督管理委员会批准成立的，并在××市设有分支机构的财产保险/寿险总公司。
2. 响应人代表必须是公司的法定代表人或授权代理人，并应在应答文件中按要求提交所需要的授权委托书(正本中需用原件)。
3. 响应人在承保安排、人员组织、业绩经验、方案设计、经营管理和配套服务等方面具有采购文件所要求的资格和能力。
4. 响应人偿付能力充足率指标应符合保监会的监管要求。
5. 响应人必须组成专门的项目服务小组为项目提供保险期内服务，并且明确项目负责人。
6. **※**是否接受联合体投标

五、竞争性谈判文件的获取

1. 时间

2. 地点

3. 售价

4. 购买竞争性谈判文件所需材料

5. 保证金要求

六、竞争性谈判文件的递交

1. 截止时间

2. 谈判时间

3. 地址

4. 联系人及联系方式

备注：※为法律法规中明确列明的事项，为必填项。

××保险经纪股份有限公司

××年×月×日

三、编制发售谈判文件

谈判文件应当包括供应商资格条件、采购邀请、采购方式、采购预算、采购需求、采购程序、价格构成或者报价要求、响应文件编制要求、提交响应文件截止时间及地点、保证金交纳数额和形式、评定成交的标准等。

谈判文件应当明确谈判小组根据与供应商谈判情况可能实质性变动的内容，包括采购需求中的技术、服务要求及合同草案条款。

四、编制递交响应文件

案例 3-5

表 3-1　响应文件前附表

序号	条款序号	内　容
		一、说明
1	1.1	项目综合说明：财政资金
2	2.1	采购人名称：市公共交通总公司
3	2.5	资格审查方式：资格后审
4	3.1	本次采购服务必须是在中华人民共和国境内的服务

续表

序号	条款序号	内　容
5	4.2	本项目的招标代理招标代理服务费由成交供应商一次性向广东平正招标采购服务有限公司交付定额人民币 2 400.00 元整 招标代理招标代理服务费递交账户(请在汇款单上写明本项目的项目编号)： 收款人：略 开户银行：略 账号：略
		二、谈判文件
6	6.1	政府采购代理机构地址：略 电话：略　　　传真：略 联系人：略 邮编：略
		谈判答疑会时间：本项目不设答疑
		三、响应文件的编制
7	9.3.1	(1) 根据本采购项目的特殊要求，合格报价人还须提供：详见用户需求书中有关要求
8		(2) 报价人具有提供类似服务的 3 年以上的经验与业绩
9		(3) 报价人应提供近 3 年(2010—2012 年)的审计报告及年度财务报表
10		(4) 报价人应提供的其他有效文件： ① 营业执照、税务登记证和企业组织机构代码证； ② 保险行业许可证； ③ 其他需要的相关文件
11		(5) 本次采购是否允许报价人将项目分包：否
12		(6) 报价人应提供近 3 年(2010—2012 年)无违法违规活动的申明
		四、报价保证金
13	13.1	报价保证金金额：人民币 1 600.00 元
14	13.2	收款单位名称：略 开户银行：略 银行账号：略
		五、报价文件的份数、封装与递交
15	14.1	报价文件正本 1 份，副本 3 份，以及 1 份电子文件(电子文件的内容可以只包括报价表和技术响应文件)
16	17.1	报价文件递交时间：见谈判邀请函； 报价截止时间：见谈判邀请函； 报价文件送达地点为：见谈判邀请函

续表

序号	条款序号	内　　容
17	17.2	报价文件应在报价截止日后90天内有效
		六、谈判与评审
18	18.1	采用经评审的最低价法，详见第四部分《谈判方法》
		七、确定成交供应商办法
19	19.1	谈判结果公告媒体：①中国政府采购网(www.ccgp.gov.cn)；②中国财经报网(www.cfen.com.cn)
		八、质疑和投诉
20	20.1	监督管理机构名称：市政府采购管理办公室 地　　址：市财政大楼 电　　话：略

(资料来源：中国采招网.)

案例启示

通过上述案例可以看出，竞争性谈判文件的编制有固定的要素。但对于保险采购而言，由于需要满足不同客户的需求，根据项目的不同，会在这些要素的基础上增加部分内容或者增加部分环节。

采购人、采购代理机构或者谈判小组应当在提交首次响应文件截止之日前3个工作日内，以书面形式通知所有接收谈判文件的供应商；不足3个工作日的，应当顺延提交首次响应文件截止之日。

供应商应当在谈判文件要求的截止时间前，将响应文件密封送达指定地点。在截止时间后送达的响应文件为无效文件，采购人、采购代理机构或者谈判小组应当拒收。供应商在提交响应文件截止时间前，可以对所提交的响应文件进行补充、修改或者撤回，并书面通知采购人、采购代理机构。补充、修改的内容作为响应文件的组成部分，补充、修改的内容与响应文件不一致的，以补充、修改的内容为准。

谈判小组在对响应文件的有效性、完整性和响应程度进行审查时，可以要求供应商对响应文件中含义不明确、同类问题表述不一致或者有明显文字和计算错误的内容等作出必要的澄清、说明或者更正。供应商的澄清、说明或者更正不得超出响应文件的范围或者改变响应文件的实质性内容。谈判小组要求供应商澄清、说明或者更正响应文件应当以书面形式作出。供应商的澄清、说明或者更正应当由法定代表人或其授权代表签字或者加盖公章。由授权代表签字的，应当附法定代表人授权书。供应商为自然人的，应当由本人签字并附身份证明。

五、谈判与确定中选人

案例 3-6

谈判方法(节选二)

……

二、谈判及最终报价

3. 技术商务谈判

3.1 谈判小组将以递交报价文件先后顺序的形式对在本须知规定的时间内递交报价文件的报价人进行谈判排序。谈判排序确定后，谈判小组首先阅读报价人的报价文件，据此与报价人进行技术、商务内容的澄清、修正和谈判。谈判中发现报价人的报价文件资料不齐和欠缺时，准许其在规定时间内补足相应资料。如不能在规定时间内补足，该报价将会因不符合谈判的基本要求而被拒绝。

3.2 审查报价文件是否对谈判文件作出实质性的响应。对未作出实质性响应的供应商，由谈判小组或采购人代表将集体意见现场告知该供应商，以让其核证、澄清事实。

3.3 谈判小组将按谈判排序的顺序逐一与报价人围绕技术、商务、合同条款等内容分别进行一轮或多轮的谈判，并形成谈判纪要文件。谈判目的在于澄清报价、优化需求，使所有报价人的响应具有可比性。在谈判过程中，谈判小组应当严格遵循保密原则，未经报价人同意不得向任何人透露当事人技术、价格和其他重要信息。

3.4 谈判的内容包括但不限于：商务条件、技术规格、验收、合同执行计划、相关服务、质量保证、采购人配合等内容。

3.5 谈判文件的修正：谈判小组调整或修改采购需求内容时，应取得谈判小组的一致同意，并以书面形式通知所有参加谈判的供应商。但任何形式的决定须以符合公平、公正原则和有利于项目的顺利实施为前提。

3.6 最终报价：谈判结束后，供应商应在规定的时间内集中密封提交最终报价(最终报价时间视谈判进程由谈判小组决定)，谈判小组对报价人的报价文件、澄清文件、谈判承诺及最终报价等方面进行评审。除非在谈判中谈判小组调整或修改采购需求内容，否则采购人不接受高于前面轮次谈判报价的最终报价。对成交供应商的价格出现明显低于或高于同业同期市场平均价的情形时，谈判小组应当在评审意见中详细说明推荐理由。

三、初步评审

4. 资格性和符合性评审

4.1 谈判和最终报价结束后，谈判小组将按照《初步审查表》内容对报价文件进行资格性审查和符合性检查。不满足初评条件的报价将被拒绝；满足的将被视为有效报价，进入价格排序。按照《初步审查表》所列各项，谈判小组认为报价文件不满足所列各项要求之一的，将被认定为无效报价。对报价有效性认定意见不一致的，谈判小组按简单多数原则表决决定。

4.2 在谈判过程中，报价人提交的澄清文件和最终报价文件，由报价人法人代表或授权代表签署后生效，报价人应受其约束。该签字人参加谈判时需出示有效的身份证明文件，否则，其签字的澄清文件和最终报价文件无效。

四、详细评审

5. 价格评审

5.1 在谈判过程中对谈判文件实质响应的报价人不足3家时，经同级人民政府财政部门审核同意，采购人可以按照符合采购报价需求、质量和标准相等且报价最低的原则从已通过初审的候选服务商中确定成交供应商。

5.2 核实价的确定：谈判小组对各报价人的最终报价，如存在报价的算术错误、缺项、单列项，则按下述原则进行校核、评审或作出必要修正后的价格为核实价，如果出现多种处理原则所产生的结果不一致的情况，以最高的修正价作为核实价。谈判小组按下述原则调整的价格对其报价人具有约束力。如果报价人不接受修正后的价格，其报价将被拒绝。

(1) 大写金额与小写金额不一致的，以大写金额为准。

(2) 总价金额与按单价汇总金额不一致的，以单价金额计算结果为准。

(3) 单价金额小数点有明显错位的，应以总价为准，并修改单价。

(4) 对报价服务的关键、主要服务内容，报价人报价漏项的，作非实质性响应处理。

(5) 对报价服务的非关键、非主要服务内容，报价人报价漏项的，评审时将要求漏项的报价人予以澄清，但该澄清不作为评审的依据；谈判小组将以其他报价人对应项的最高报价补充计入其评审价。

(6) 对非关键、非主要服务内容的费用，如果报价人另行单独报价，报价时也相应另行计入其评审价。

(7) 对数量的评审，以《用户需求书》所明示数量为准；《用户需求书》未明示的，由谈判小组以其专业知识判断。

5.3 谈判小组进行综合评议。对提供的服务质量均能满足谈判文件规定最低要求的供应商归列为推荐成交的候选对象，采购人依照候选供应商的报价顺序，以有效报价最低者确定为成交供应商候选人，有效报价次低的为成交供应商备选人。报价相同时，由谈判小组根据报价人的技术和商务综合实力进行投票决定，遵循少数服从多数原则，按得票多少决定排序先后。

五、推荐成交报价人

6. 评审报告及成交报价人推荐

6.1 谈判小组依据评审结出具评审报告，推荐成交候选人及成交备选人。

……

(资料来源：中国采招网.)

案例启示

通过上述案例可以看出，在竞争性谈判中，谈判的具体要求和详细过程需要体现公开、公平、透明的原则。当然，这些要求和环节的设置的前提是遵守相关的法律法规。

(一) 谈判

谈判小组所有成员应当集中与单一供应商分别进行谈判，并给予所有参加谈判的供应商平等的谈判机会。在谈判中，谈判的任何一方不得透露与谈判有关的其他供应商的技术资料、价格和其他信息。

谈判小组可以根据谈判文件和谈判情况实质性变动采购需求中的技术、服务要求及合同草案条款，但不得变动谈判文件中的其他内容。实质性变动的内容，须经采购人代表确认。对谈判文件作出的实质性变动是谈判文件的有效组成部分，谈判小组应当及时以书面形式同时通知所有参加谈判的供应商。

供应商应当按照谈判文件的变动情况和谈判小组的要求重新提交响应文件，并由其法定代表人或授权代表签字或者加盖公章。由授权代表签字的，应当附法定代表人授权书。供应商为自然人的，应当由本人签字并附身份证明。

谈判文件能够详细列明采购标的的技术、服务要求的，谈判结束后，谈判小组应当要求所有继续参加谈判的供应商在规定时间内提交最后报价，提交最后报价的供应商不得少于 3 家。

谈判文件不能详细列明采购标的的技术、服务要求，需经谈判由供应商提供最终设计方案或解决方案的，谈判结束后，谈判小组应当按照少数服从多数的原则投票推荐 3 家以上供应商的设计方案或者解决方案，并要求其在规定时间内提交最后报价。

最后报价是供应商响应文件的有效组成部分。

(二) 确定成交候选人

谈判小组应当从质量和服务均能满足采购文件实质性响应要求的供应商中，按照最后报价由低到高的顺序提出 3 名以上成交候选人，并编写评审报告。

(三) 确定成交供应商

谈判结束后，谈判小组应当要求所有参加谈判的供应商在规定时间内进行最后报价，采购人从谈判小组提出的成交候选人中根据符合采购需求、质量和服务相等且报价最低的原则确定成交供应商，并将结果通知所有参加谈判的未成交的供应商。

《政府采购非招标采购方式管理办法》规定：采购人应当在收到评审报告后 5 个工作日内，从评审报告提出的成交候选人中，根据质量和服务均能满足采购文件实质性响应要求且最后报价最低的原则确定成交供应商，也可以书面授权谈判小组直接确定成交供应商。采购人逾期未确定成交供应商且不提出异议的，视为确定评审报告提出的最后报价最低的供应商为成交供应商。

课堂活动 3-2

活动 1

每 3～5 个同学为一组，分组讨论以下内容：

1. 怎样把握保险谈判操作流程。

2. 如何做好保险谈判的准备工作。

活动 2

每 3～5 个同学为一组，分组练习以下内容：

1. 如何编制发售保险谈判文件。
2. 如何编制和提交响应文件。
3. 如何谈判与确定中标候选人。

第三节　保险谈判文件的编制

一、谈判文件组成

谈判文件应当包括供应商资格条件、采购方式、采购程序、响应文件编制要求、提交响应文件截止时间及地点、保证金交纳数额和形式、评定成交的标准等。

（一）供应商资格条件

供应商是指向采购人提供货物、工程或者服务的法人、其他组织或者自然人。采购人、采购代理机构应当通过发布公告、从省级以上财政部门建立的供应商库中随机抽取或者采购人和评审专家分别以书面推荐的方式邀请不少于 3 家符合相应资格条件的供应商参与竞争性谈判采购活动。供应商参加政府采购活动应当具备下列条件：①具有独立承担民事责任的能力；②具有良好的商业信誉和健全的财务会计制度；③具有履行合同所必需的设备和专业技术能力；④有依法缴纳税收和社会保障资金的良好记录；⑤参加政府采购活动前三年内，在经营活动中没有重大违法记录；⑥法律、行政法规规定的其他条件。

供应商不得以向采购人、采购代理机构、评标委员会的组成人员、竞争性谈判小组的组成人员行贿或者采取其他不正当手段谋取中选或者成交。

（二）采购方式

政府采购可以采用公开招标、邀请招标、单一来源采购、询价、竞争性谈判和国务院政府采购监督管理部门认定的其他采购方式。《政府采购法》和《政府采购非招标采购方式管理办法》明确规定：竞争性谈判主要适用于招标后没有供应商投标或者没有合格标的或者重新招标未能成立的；技术复杂或者性质特殊，因艺术品采购、专利、专有技术或者服务的时间、数量事先不能确定等原因不能事先计算出价格总额的；采用招标所需时间不能满足用户紧急需要的；不能事先计算出价格总额的；依法制定的集中采购目录以内，且未达到公开招标数额标准的货物、服务；依法制定的集中采购目录以外、采购限额标准以上，且未达到公开招标数额标准的货物、服务；达到公开招标数额标准、经批准采用非公开招标方式的货物、服务。

（三）采购程序

采用竞争性谈判方式采购的，应当遵循成立谈判小组、制定谈判文件、确定邀请参加谈判的供应商名单程序、谈判和确定成交供应商等程序。

(四) 编制、提交响应文件

提交首次响应文件截止之日前，采购人、采购代理机构或者谈判小组可以对已发出的谈判文件进行必要的澄清或者修改，澄清或者修改的内容作为谈判文件的组成部分。澄清或者修改的内容可能会影响响应文件编制的，采购人、采购代理机构或者谈判小组应当在提交首次响应文件截止之日前3个工作日内，以书面形式通知所有接收谈判文件的供应商，不足3个工作日的，应当顺延提交首次响应文件截止之日。

(五) 保证金交纳数额和形式

1. 收取保证金

采购人、采购代理机构可以要求供应商在提交响应文件截止时间之前交纳保证金。保证金应当采用支票、汇票、本票、网上银行支付或者金融机构、担保机构出具的保函等非现金形式交纳。保证金数额应当不超过采购项目预算的2%。

供应商为联合体的，可以由联合体中的一方或者多方共同交纳保证金，其交纳的保证金对联合体各方均具有约束力。

2. 退还保证金

采购人或者采购代理机构应当在采购活动结束后及时退还供应商的保证金，但因供应商自身原因导致无法及时退还的除外。未成交供应商的保证金应当在成交通知书发出后5个工作日内退还，成交供应商的保证金应当在采购合同签订后5个工作日内退还。

有下列情形之一的，保证金不予退还。

(1) 供应商在提交响应文件截止时间后撤回响应文件的。

(2) 供应商在响应文件中提供虚假材料的。

(3) 除因不可抗力或谈判文件认可的情形以外，成交供应商不与采购人签订合同的。

(4) 供应商与采购人、其他供应商或者采购代理机构恶意串通的。

(5) 采购文件规定的其他情形。

(六) 评定成交的标准

谈判小组应当对响应文件进行评审，并根据谈判文件规定的程序、评定成交的标准等事项与实质性响应谈判文件要求的供应商进行谈判。未实质性响应谈判文件的响应文件按无效处理，谈判小组应当告知有关供应商。

谈判文件除本条第一款规定的内容外，还应当明确谈判小组根据与供应商谈判情况可能实质性变动的内容，包括采购需求中的技术、服务要求以及合同草案条款。

二、编写谈判文件的相关事项

谈判文件应当明确谈判程序、谈判内容、合同草案的条款以及评定成交的标准等事项。具体编写时的注意事项与招标方式基本类似，在这里就不再赘述。

课堂活动 3-3

活动 1

每 3～5 个同学为一组，分组讨论谈判文件的组成要件等内容。

活动 2

每 3～5 个同学为一组，根据保险谈判文件编制的内容分组练习解答编写谈判文件应注意的事项。

本 章 小 结

竞争性谈判是目前保险采购中最常见的一种方式，它不仅可以转移采购风险、提高工作效率，使采购项目更快地发挥作用，而且可以减少采购成本，使供求双方能够进行更为灵活的谈判。

保险谈判采购实施的原则主要有成本与服务并重、保障与防范并行和历史与未来兼顾等。对保险公司的选择则考虑机构的合法性、偿付能力和商业信誉，并明确了保险公司准入的标准和一般规定。

保险谈判采购操作规程则主要包括谈判采购操作流程、谈判准备工作、编制发售谈判、递交响应文件和谈判与确定中选人。本章最后分析了保险谈判文件的组成和编写时应注意的相关事项。

知识与技能训练

案例分析

××省电梯责任保险统保示范项目招标工作小组由省质监局牵头组织，成员有省质监局、电梯行业协会、××总分公司和企业代表共同组成，全面负责组织、协调项目招标工作。

第一，成立项目招标工作组。项目招标工作组下设项目招标“专家监管组”和“项目监督组”，专家监管组成员由××省市质监局推荐的专家、企业代表、保险和法律专家共同组成，人数可为 30～50 人(须单数)。同时，邀请保监局纪检、监察局人员组成项目监督组，对竞争性谈判中的全过程进行监督。项目招标过程中保险公司的筛选和份额将根据专家监管组最终评选结果确定。

第二，确定保险采购方式。目前市场常用的采购方式主要有招标和竞争性谈判两种。其中，招标方式包括公开招标和邀请招标，具有公正、公平、公开的优点，但操作方式流程化，一旦招标中出现不利情况，可能出现流标，灵活性较差。而询价、谈判方式的优点是操作简便、灵活性高，有利于增加对项目保险安排的控制权。考虑到××省电梯责任保险统保示范项目首年保费规模，近年来××电梯责任保险市场情况，建议采用竞争性谈判的方式，最终采购方式由××省质监局、××保监局等领导单位共同确定。

第三，制作竞争性谈判文件。有××公司协助制作，统保示范项目的框架协议主要包括：统保示范项目保险方案；保险条款；项目组织体系；事故预防控制中心；事故鉴定委员会；统保示范项目服务考评与履约保证金；对保险公司、经纪公司服务监督的具体规定等。

第四，发布竞争性谈判公告。竞争性谈判公告内容需包括谈判项目名称、项目情况说明、项目采购方式、竞争性谈判响应方的基本要求、竞争性谈判文件发售信息(包括文件发售的时间、发售地点、文件价格、谈判响应保证额度和交纳账户信息等)、谈判响应信息反馈时间和联系人、联系方式等。竞争性谈判公告需通过正规行业正规网站、期刊等媒介进行发布。

第五，确定竞争性谈判保险公司。根据公告信息反馈情况和谈判响应保证金的缴纳情况，以及响应方的资质与公告文件中响应要求的切合度，明确参加谈判的保险公司总公司，并上报××省质监局。

第六，竞争性谈判项目说明会。依照竞争性谈判文件的时间安排，将组织竞争性谈判响应方出席由××公司举办的竞争性谈判说明会议。会议内容包括项目政策背景、市场情况和项目保险设计思路、费率厘定思路等方面的介绍，确保谈判响应方全面了解项目情况，增强谈判响应方参与项目的信心，以便于谈判响应方能够进一步提供合理的报价。

第七，竞争性谈判文件答疑。竞争性谈判响应方对谈判文件如有疑点或问题，可在竞争性谈判文件中规定的时间内将问题传真至××公司要求予以澄清。××公司就竞争性谈判文件所做的书面解答、通知、补充及修改，是竞争性谈判文件不可分割的部分。如竞争性谈判响应方有明确需要，可由××公司组织召开现场答疑会，逐项回复谈判响应方的各项问题。

第八，安排竞争性谈判会议。由××公司具体对竞争性谈判会议进行安排，包括谈判评委和监督人员的选定、谈判流程、谈判开始时间、谈判地点、谈判要求、谈判响应方应到场参与谈判的人员等，并上报质监局确认。

第九，提交竞争性谈判响应文件。竞争性谈判响应方按照文件要求以规定的格式制作竞争性谈判文件，并在规定的时间内提交竞争性谈判响应文件，未按规定格式制作竞争性谈判文件或未能在规定时间内提交文件的谈判响应方，将被取消谈判资格。

第十，竞争性谈判会议。竞争性谈判会议将严格按照竞争性谈判文件和竞争性谈判流程执行，会议将根据流程要求进行两到三轮谈判，每轮谈判将由谈判小组与每位谈判响应方逐家进行，综合考评每轮谈判后的各家得分最终由谈判小组选定共保体成员及首席承保公司。

第十一，发布中选通知书、完善项目框架协议书。谈判小组根据最终谈判结果，对外公示中选情况，并根据谈判情况进一步完善项目框架协议书。

第十二，条款报备。××公司协调共保体首席承保公司负责落实电梯责任保险统保示范项目产品报备工作，自确定主承保公司之日起30个工作日内完成。

最后，签署框架协议书。××省质监局、××公司和中选保险公司将在首席保险公司保险条款报备之后共同签署《××省电梯责任保险统保示范项目框架协议书》，确定各方权利义务，规范保险服务标准和市场竞争行为。

通过阅读上述案例材料，回答以下问题：

如何把握保险谈判采购操作的主要规程？

实训

通过查找相关资料，编写一份完整的保险谈判文件，在课堂上分享或在同学之间交流。

复习思考题

一、单项选择题

1. 保险竞争性谈判小组由采购人的代表和有关专家共(　　)人以上的单数组成，其中专家的人数不得少于成员总数的2/3。

A. 3　　B. 5

C. 7　　D. 9

2. 制定谈判文件应当明确(　　)、谈判内容、合同草案的条款及评定成交的标准等事项。

A. 谈判程序　　B. 谈判对象

C. 谈判专家　　D. 谈判小组

3. (　　)是供应商响应文件的有效组成部分。

A. 供应商　　B. 谈判文件

C. 最后报价　　D. 采购标的技术服务要求

4. 采用竞争性谈判方式采购的应当遵循成立(　　)、制定谈判文件、确定邀请参加谈判的供应商名单程序、谈判和确定成交供应商等程序。

A. 咨询小组　　B. 供应商

C. 评标专家　　D. 谈判小组

5. 采购人、采购代理机构可以要求供应商在提交响应文件截止时间之前交纳保证金。保证金数额应当不超过采购项目预算的(　　)。

A. 3%　　B. 2%

C. 5%　　D. 4%

6. 采购人或者采购代理机构应当在采购活动结束后及时退还供应商的保证金，未成交供应商的保证金应当在成交通知书发出后(　　)个工作日内退还。

A. 3　　B. 5

C. 4　　D. 6

二、判断题

1. 保险企业成本的前馈控制以保险产品的经营成本为控制对象，以达到保险产品的目标成本为控制目标。(　　)

2. 防护性控制的重点在于通过企业内部设置的规章制度来约束成本开支，预防偏差和损失浪费的发生。(　　)

3. 采购人应当以满足实际需求为原则，能擅自提高经费预算和资产配置等采购标准。(　　)

4. 谈判文件可以根据采购项目的特点和采购人的实际需求制定，不经采购人书面同意，明确谈判程序、谈判内容、合同草案的条款以及评定成交的标准等事项。 ( )

5. 谈判文件应当明确包括采购需求中的技术、服务要求以及合同草案条款。 ( )

6. 采用竞争性谈判方式采购的政府采购项目，评审专家应当从政府采购评审专家库内相关专业的专家名单中随机抽取。 ( )

7. 采取采购人和评审专家书面推荐方式选择供应商的，采购人推荐供应商的比例可以高于推荐供应商总数的50%。 ( )

8. 供应商可以在谈判文件要求的截止时间后，将响应文件密封送达指定地点。 ( )

三、多项选择题

1. 保险谈判采购实施的主要原则有( )。
   A. 成本与服务并重
   B. 保障与防范并行
   C. 历史与未来兼顾
   D. 保险公司的选择
2. 保险公司商业信誉的好坏可以从( )等方面来进行考察。
   A. 经营环境
   B. 管理质量
   C. 资产质量
   D. 赢利能力
   E. 理赔质量
3. 保险竞争性谈判采购应当遵循( )的程序。
   A. 成立谈判小组
   B. 制定谈判文件
   C. 确定邀请参加谈判的供应商名单
   D. 谈判
   E. 确定成交供应商
4. 理赔是保险资金的重要出口，具体应包括( )等环节。
   A. 勘查　　B. 定责
   C. 定损　　D. 缮制赔案
   E. 支付赔款
5. 成功的保险谈判首先要做好保险谈判的整体规划，即( )。
   A. 制订采购计划
   B. 成立谈判小组
   C. 确定评审专家
   D. 确定谈判供应商

6. 谈判文件应当包括供应商资格条件、价格构成或者报价要求、响应文件编制要求、提交响应文件截止时间及地点、保证金交纳数额和形式、评定成交的标准，以及(　　)等。

A. 采购邀请

B. 采购方式

C. 采购预算

D. 采购需求

E. 采购程序

四、简述题

1. 保险谈判采购实施的原则主要有哪些？

2. 如何选择保险公司？

3. 保险谈判采购有哪些操作规程？

4. 如何编写保险谈判文件？

第四章　保险询价采购

课前导读

询价是保险采购最常用的方式之一，询价采购针对性强、效率高，有利于在短时间内进行保险安排。通过学习本章，掌握询价采购岗位所需要的知识和操作能力。保险询价岗包括保险询价助理岗、保险询价需求受理岗、保险询价工作审核岗、保险询价计划制订岗、保险询价文件制作与报价分析岗、保险询价格式文件编写岗。

知识学习目标

通过学习本章，了解询价采购的适用范围和基本操作原则，了解询价采购的工作流程和相关工作要求。

能力培养目标

通过对询价采购适应范围和操作原则的了解，掌握询价采购的基本工作流程及各个工作环节的具体要求，并能够初步制作询价文件。具体包括以下几点。

1. 掌握保险和保险经纪基础知识，熟悉《保险采购实务》《保险经纪公司经营管理》基本理论知识和业务运作流程，在了解政府招投标采购等项目的基础上了解保险询价的工作内容和流程。
2. 了解保险询价工作流程。
3. 了解保险经纪行业需求，具备行业信息敏感度。
4. 了解《保险采购实务》《保险经纪公司经营管理》的基本理论知识和业务运作流程。
5. 具有良好的人际交往能力与团队合作精神，工作认真负责，有耐心，注重细节，有良好的沟通协调能力。
6. 具备良好的文案撰写能力，逻辑性好。

教学重点

1. 保险询价采购操作原则。
2. 保险询价采购实施原则。

教学难点

1. 保险询价采购工作流程及相关要求。
2. 保险询价文件编制。

引导案例

××公司于 2002 年 10 月接受了中国五金矿产进出口总公司的委托，为其提供保险经纪服务，特别是在保险价格上为五矿进出口总公司争取权益。

五矿进出口总公司在为职工投保补充养老保险之初，首先通过自己询价的方式，向各保险公司了解了满足其保险条件所需要的保险资金总额，并通过职代会决议的形式决定一次性支出 1.5 亿元提高职工养老保障水平。在聘请××公司作为保险经纪人后，双方工作小组共同努力，通过严格的保险采购程序和与保险公司近一个月的谈判过程，选择分红类保险作为投保险种，为五矿进出口总公司及其职工争取了更加全面的保险保障，更符合职工实际需要的服务体系，并且使保险资金投入总量比预计规模减少了近 2 000 万元。

询价是保险采购方式之一，是一种相对简单而又快速的采购方式。通常来讲，询价采购是采购人或采购代理机构向一家或多家保险公司就采购项目需求发出询价通知书或询价函，要求保险公司进行报价，采购人从询价小组提出的成交候选人中确定成交供应商的采购方式。

政府采购中，询价采购是采购人或采购代理机构向不少于 3 家的保险公司就采购项目需求发出询价通知书或询价函，要求保险公司一次报出不得更改的价格，采购人从询价小组提出的成交候选人中确定成交供应商的采购方式。

按照《政府采购非招标采购管理办法》要求，政府保险采购项目的询价必须在依法制定的集中采购目录以内，且未达到公开招标数额标准的货物、服务；依法制定的集中采购目录以外、采购限额标准以上，且未达到公开招标数额标准的货物、服务；达到公开招标数额标准、经批准采用非公开招标方式的货物、服务；按照招标投标法及其实施条例必须进行招标的工程建设项目以外的政府采购工程，符合上述条件的保险采购项目必须采纳询价方式进行保险安排。

第一节　保险询价采购实施原则

一、询价采购一般原则

保险询价采购首先应当遵循政府采购的一般原则，即公开透明原则、公平原则、公正原则和诚实信用原则。

(一) 公开透明原则

公开透明原则即“信息透明”，要求询价采购活动必须具有高度的透明度，询价采购程序、响应人的资格条件、评选标准、评审方法、中选结果等信息都要公开，使每个响应人能够及时获得有关信息，从而平等地参与采购竞争，依法维护自身的合法权益。同时，将询价采购活动置于公开透明的环境中，也为当事人和社会各界的监督提供了重要条件。

(二) 公平原则

公平原则即“机会均等”，要求采购人一视同仁地给予所有响应人平等的机会，使其享有同等的权利并履行相应的义务，不歧视或者排斥任何一个响应人。按照这个原则，采购人不得在采购文件中要求或者标明特定的保险公司以及含有倾向或者排斥潜在响应人的内容，不得以不合理的条件限制或者排斥潜在投标人，不得对潜在响应人实行歧视待遇。否则，将承担相应的法律责任。

(三) 公正原则

公正原则即“程序规范，标准统一”。它要求所有询价采购活动必须按照规定的时间和程序进行，以尽可能保障项目参与各方的合法权益，做到程序公正，评审标准具有唯一性，即对所有响应人实行同一标准，确保标准的公正性。按照这个原则，政府采购法及其配套规定对询价、报价、比较、评选、中选、签订合同等都规定了具体程序和法定时限，明确了需重新进行询价的情形，询价小组必须按照询价文件事先确定并公布的评审标准和方法进行评审、比较、推荐中标候选人，采购文件中没有规定的标准和方法不得作为比较和中选的依据。

(四) 诚实信用原则

诚实信用原则是我国民事活动所应当遵循的一项重要基本原则，也是市场经济中商业道德准则法制化的产物，是以善意真诚、守信不欺、公平合理为内容的强制性法律原则。我国《民法通则》第四条规定：“民事活动应当遵循自愿、平等、等价有偿、诚实信用的原则。”《中华人民共和国合同法》(以下简称《合同法》)第六条也明确规定：“当事人行使权利、履行义务应当遵循诚实信用原则。”保险询价活动本质上是市场主体的民事活动，必须遵循诚信原则，也就是要求项目参与当事人应当以善意的主观心理和诚实、守信的态度来行使权利、履行义务，不能故意隐瞒真相或者弄虚作假，不能言而无信甚至背信弃义，在追求自己利益的同时尽量不损害他人利益和社会利益，维持双方的利益平衡以及自身利益与社会利益的平衡，遵循平等互利原则，从而保证交易安全，促使交易实现。例如，在询价过程中，响应人不得以他人名义报价，不得与采购人或其他报价人串通报价。中选通知书发出后，采购人不得擅自改变中选结果，中选人不得擅自放弃中选项目。

二、询价采购特殊性原则

保险询价采购除了应当遵循政府采购的一般原则以外，还应着重注意遵循以下特殊性原则。

(一) 确保竞争原则

对于非政府采购的保险采购项目而言，如果符合资格条件参与报价的保险公司只有两家，经询价小组审查询价文件无不合理条款、公告及程序符合规定，且市场上符合资格条件的保险公司少的情况下，询价采购继续进行；符合资格条件参与报价的保险公司只有一家时，应终止询价，重新组织采购。第二次询价仍然只有一家时，经询价小组审查询价文件无不合理条款、公告及程序符合规定，且市场上符合资格条件的保险公司少的情况下，询价可变更为单一来源采购，按照单一来源采购的方式进行保险安排。

对于政府采购项目而言，只允许保险公司提供一个报价。每一家保险公司只允许提出一个报价，而且不能改变其报价，不得同某一家保险公司就其报价进行谈判。采购合同一般授予符合采购项目需求的且最低报价的保险公司，参加报价的保险公司不足 3 家且出现影响采购公正的违法、违规行为时，询价小组可以终止询价，重新组织采购。例如，在询价文件中一般会在询价采购失败后处理方式中明确：如有效报价或符合采购要求的供应商不足 3 家，本项目重新组织采购或转换采购方式。

(二) 公平对待原则

询价过程中应公平对待每一位参与报价的保险公司。对非政府采购的保险采购项目而言，在法律层面并没有规定适用范围。但由于询价采购方式在保险采购操作中存在一定的局限性，例如，询价信息公开面较狭窄，只限于有限少数保险公司，排外现象较严重。询价过于倾向报价，有可能忽视对保险公司资格性审查和服务质量的考察等问题，因此在保险采购中，针对保险方案相对较为简单，险种较为传统，对后期服务要求相对较低的保险采购项目采取询价方式。

(三) 最低报价原则

询价方式确定成交的原则符合采购需求、质量和服务相等且报价最低。完全以最低价确定成交保险公司违反询价采购的法定操作程序。根据《政府采购法》的规定，不难看出，采购项目成交保险公司的确定并不只是以“报价最低”作为评判标准，它本身有其前提条件，即“符合采购需求、质量和服务相等”。只有在这个前提条件的基础上，才能以价格指标作为进一步评判的标准。显然，不首先考虑保险公司对采购项目的服务情况、质量情况等，就违反了法律规定。按照政府采购的法律规定，实施政府采购不仅仅是要提高政府采购资金的使用效率，还要规范采购行为、保障所有采购当事人权益等。如果在询价采购过程中，仅仅将价格高低作为采购的目标，显然具有一定的片面性，不能完全符合政府采购的法律宗旨。

(四) 科学设置评判标准

询价采购是主要围绕被询价保险公司的报价，在同等条件下以“报价最低”为原则实施的一种采购方式。但在实际工作中，不少采购人及其采购代理机构往往只重视价格指标，这种仅以价格作为成交依据的原则，很容易导致成交保险公司售后服务不及时等问题。为此，询价采购不能仅以价格作为唯一的比较依据和标准。

科学设置评判标准，采购代理机构在为采购人代理任何一个项目时，要同时考虑以下几个关键性的指标参数：一是价格指标，这是衡量采购资金节约情况的重要指标；二是服务指标，这是衡量采购人权益保障程度的重要指标；三是质量要求，是对采购项目的配置、性能等方面提出的具体要求；四是采购人的特殊需求等。这些指标都与采购人权益息息相关且不可或缺。

(五) 全面公示评选结果

相对于公开招标等采购方式来说，询价采购的不少环节都是在小范围内实施的。因此，只有将询价采购中的相关信息充分对外公开，才能有效提高其采购的透明度，遏制各种“暗箱操作”行为。

(六) 严厉打击违规采购行为

对实际工作中出现的无视法律规定、只看重眼前保险公司“让利”的短期采购行为，政府采购监督管理部门要责成有关单位和人员及时纠正，对因追求低价采购影响项目质量，甚至造成重大经济损失的，严肃追究有关人员的责任。

补充阅读 4-1

公开招标、邀请招标、竞争性谈判、询价采购有何不同？

1. 定义对象不同

招标方式分为公开招标和邀请招标。竞争性谈判和询价采购不能算作招标的方式，只是一种采购的形式。

公开招标是招标人以招标公告的方式邀请不特定的法人或者其他组织投标，即需公开发布招标信息，接受所有潜在投标人的报名。邀请招标是指招标人以投标邀请书的方式邀请特定的法人或者其他组织投标，即投标人是接收到招标人发出的投标邀请的法人或者组织。无论是公开还是邀请的方式，投标人都必须有 3 家以上才可以开标，否则废标，招标人需重新组织招标。有些必须招标的项目，因为潜在投标人不足 3 家，或者项目有特殊要求，或者招标两次都废标的项目，经过相关主管部门同意，可以采取竞争性谈判或者询价采购的方式进行采购。

(1) 公开招标：招标人以招标公告的方式邀请特定的法人或其他组织投标。

(2) 邀请招标：招标人以邀请投标书的方式邀请特定的法人或者其他组织投标。

(3) 竞争性谈判：采购人邀请特定的对象谈判，并允许谈判对象通过二次报价确定签约人的采购方式。

(4) 单一来源采购：采购人与保险公司直接谈判确定合同实质性内容的采购方式。

(5) 询价：采购人邀请特定的对象一次性询价确定签约人的采购方式。

2. 适用对象不同

(1) 公开招标：适用一切采购项目，是政府采购的主要方式。

(2) 邀请招标：在必须进行招标的项目中，满足以下条件且经过核准或备案可以采用邀请招标。

① 施工(设计、货物)技术复杂或有特殊要求的，符合条件的投标人数量有限。

② 受自然条件、地域条件约束的。

③ 如采用公开招标所需费用占施工(设计、货物)比例较大的。

④ 涉及国家安全、秘密不适宜公开招标的。

⑤ 法律规定其他不适宜公开招标的。

(3) 竞争性谈判：满足下述四个条件。

① 招标后没有保险公司投标或者没有合格的或者重新招标未能成立的。

② 技术复杂或者性质特殊，不能确定详细规格的。

③ 采用招标所需时间不能满足用户需求的。

④ 不能事先计算出价格总额的。

(4) 单一来源采购：满足下述三个条件。

① 只能从唯一保险公司处采购的。

② 发生了不可预见的紧急情况，不能从其他保险公司处采购的。

③ 必须保证原有采购项目一致性的。

(5) 询价：采购表标的规格、标准统一，货源充足且价格变化幅度小。

课堂活动 4-1

每 3～5 个同学为一组，分组讨论保险询价采购的实施原则。

第二节　保险询价采购操作规程

一、询价操作流程(图 4.1)

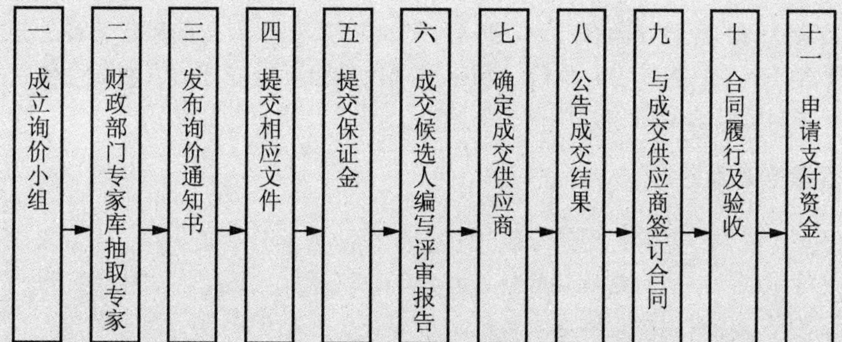

图 4.1　保险采购询价流程

1. 成立询价小组

询价小组应当对采购项目的价格构成和评定成交的标准等事项作出规定，一般由采购人的代表 1 人和有关专家若干人共 3 人以上的单数组成，其中专家的人数不得少于成员总数的 2/3。

2. 确定被询价的保险公司名单

一般情况下，询价小组从符合相应资格条件的保险公司名单中确定不少于 3 家的保险公司，并向其发出询价通知书让其报价。

3. 询价

询价小组要求被询价的保险公司一次报出不得更改的价格。询价采购文件或询价通知书公布、发出之日至报价截止之日，一般不得少于 5 日，其中工作日不得少于 3 日。

保险公司报价文件应当在规定的时间前以书面、密封的形式送达或邮寄到指定地点，由询价小组在规定的时间统一启封、评审。询价小组可以向保险公司进行质询，保险公司应以书面形式答复，但答复内容不得改变报价文件的实质性内容。

4. 确定成交保险公司

采购人根据事先确定的原则，确定成交保险公司，在实际操作过程中，一般采取符合采购需求、质量和服务相等且报价最低的原则确定成交保险公司，并将结果通知所有被询价保险公司。

二、询价准备工作

为了使询价采购能充分体现公开、公平、公正及竞争和效益原则，在询价采购的准备阶段，应按以下步骤进行。

（一）保险需求调研

重点调研及收集客户风险暴露数据、保险转嫁需求等信息，评估已有保障是否充分、是否有未保风险、是否有重复投保，以及历年出险和赔付情况等。运用专业技术识别、估测、评价保险标的的风险，向客户说明风险评估结果，提出专业的风险管理意见。视项目需求，可向客户或项目组织方、保险公司提交风险勘查、风险评估等书面文件。为确定科学的采购方案和完整的采购项目清单做好准备。

（二）保险方案确定

制作保险建议书、保险方案等反映项目具体采购需求的专业文件。一般来讲，保险方案必须涵盖可保风险的所有常规保险转嫁建议，以规避保险经纪人职业责任风险。就保险方案内容与客户或项目组织方沟通，详细解释方案中包括但不限于保障范围、保险金额、赔偿限额、保险期限、免赔额及除外责任、保险费与支付方式、争议处理方式，以及不能通过保险方式转移的风险等，并达成一致意见。客户或项目组织方对保险建议未能完全采纳的，应及时作出专业判断，并对可能导致的风险向客户进行提醒。

(三) 保险询价采购计划制订

根据保险方案制订保险采购工作书面计划，明确工作步骤、时间要求、各参与方的工作内容、责任人及团队成员等关键事项。与客户或项目组织方就保险合同内容及保险采购实施时间达成一致。制定最终采购方案，确定采购项目清单，明确有关技术要求和商务要求。

在保险经纪业务活动中，保险询价过程本身并不涉及保险专业技术。但是，保险询价操作流程的规范性、严谨性，决定了保险安排能否成功，专业、规范的操作流程是保险经纪人作业的基本要求，也是防范保险经纪人自身风险的必须。

三、编制发售询价书

案例 4-1

询价书的构成

目　　录

第一部分　询价邀请书
第二部分　采购项目内容(用户需求)
第三部分　报价须知
(一) 总则
(二) 询价文件
(三) 报价文件的编制
(四) 报价文件的递交
(五) 询价及评审
(六) 授予合同
第四部分　保险服务合同
第五部分　报价文件格式
(一) 报价书
(二) 法定代表人证明书、法人授权委托证明书
(三) 报价一览表
(四) 分项价格表
(五) 用户需求、商务条款偏离表
(六) 供应商基础资料表
(七) 企业所获得的各级各类资质和认证
(八) 供应商 2011 年以来相关业绩一览表
(九) 服务方案
(十) 供应商有关资格证明文件
(十一) 退还保证金说明

(十二) 成交通知书回执

……

案例思考

招标文件、竞争性谈判文件、询价文件的编写要素有何不同?

(一) 编制询价书

1. 询价邀请书

询价邀请书一般包括采购项目编号、采购项目名称、项目概况、询价内容、购买询价文件方式、供应商资格要求、报价文件递交时间、递交地点、截止日期、评审时间与地点等。

2. 采购项目要求

采购项目要求一般包括：①采购项目需求，如采购数量、险种、保额等具体实质性的要求。②服务内容要求，如要求提供 24 小时全天咨询服务、重大人员伤亡的保险公司要派人协助客户处理赔偿问题等内容。

3. 报价单位须知

报价单位须知一般包括适用范围及资金来源、采购人、采购代理机构、合格供应商、合格的服务、询价费用，同时在报价单位须知中规定询价文件的构成、编制、递交、询价及评审等内容。

4. 合同格式框架

合同格式框架一般包含内容及付款方式、合同双方的权利和义务、验收标准和方式、违约责任、纠纷处理方法、生效方法和有效期限及其他商务要求等。

5. 报价文件格式

报价文件格式一般包括报价书(或报价函)、法定代表人证明书、法人授权委托证明书、报价一览表、分项价格表、用户需求、商务条款偏离表、供应商基础资料表、企业所获得的相关业绩一览表、服务方案及保证金说明等。

案例 4-2

询价邀请书

国际招标有限公司受职业技术学院的委托，就职业技术学院教职工意外伤害保险服务询价采购项目(采购表编号：略)，接受合格的国内供应商提交密封报价。询价文件下载网址：市政府采购网，公示时间到 2013 年 6 月 24 日 17:00 止，有关事项如下。

一、采购项目编号：略

二、采购项目名称：职业技术学院教职工意外伤害保险服务询价采购项目

三、询价内容、人数及年限

(1) 询价内容：教职工意外伤害保险服务。

(2) 被保险人数：415 人。

(3) 年限：1 年。

四、供应商资格要求

(1) 供应商须为在市工商行政管理局合法登记注册的各地市级保险公司(包括中心支公司或以上级别)。

(2) 供应商须取得中国保险监督管理委员会颁发的《中华人民共和国经营保险业务许可证》；供应商须具有承保意外伤害保险的资格。

(3) 供应商必须在采购代理机构登记并购买了询价文件。

(本项目不接受联合体报价)

五、符合资格的供应商应当在 2013 年 6 月 18 日至 2013 年 6 月 24 日(法定节假日除外)到市国际招标有限公司购买询价文件，询价文件每套售价 150 元(人民币)，售后不退。

购买询价文件方式：现场购买。购买时需携带营业执照副本复印件、中华人民共和国经营保险业务许可证复印件及购买人身份证复印件(均加盖红色公章)。

六、报价文件递交时间：2013 年 6 月 26 日 9:00～9:30(北京时间)

七、报价文件递交地点：市国际招标有限公司开标室

八、报价文件递交截止时间：2013 年 6 月 26 日 9:30(北京时间)

九、评审时间：2013 年 6 月 26 日 9:30(北京时间)

十、评审地点：市国际招标有限公司

十一、采购人、采购代理机构的名称、地址和联系方式：略

案例思考

招标邀请、竞争性谈判邀请、询价邀请的编写要素有何不同？

(二) 确认询价书

询价书编制完成后，需送采购单位审核确认，经采购单位法定代表人或授权委托人签字并加盖公章后，方可正式印制。

(三) 邀请保险公司

按照询价书确定保险公司资格条件和邀请方式，邀请相关保险公司前来参与报价。邀请保险公司可采取公开邀请方式和有限邀请方式。

1. 公开邀请方式

公开邀请方式是指在信息发布媒体上公开披露采购信息，刊登询价公告(或询价邀请书)，广泛邀请符合相应要求的保险公司前来报价的一种方式。

2. 有限邀请方式

针对符合相应资质要求的保险公司，以发送书面邀请书的办法邀请其前来报价的一种方式。

(四) 进行资格审查

这个环节是针对公开邀请方式而言的，对报名参与报价的保险公司进行资格预审，主要是对其提交的有关资格证明文件进行审查，包括基本资格审查和专业资格审查等，以筛选其是否有资格参与报价，如采取有限邀请方式，可不进行资格预审。

(五) 发出询价书

对经过资格审查、符合项目要求的保险公司发出询价书。

1. 确定保险询价书的发放范围

针对采取公开邀请方式进行询价的项目，应该向所有通过资格审查的保险公司发出询价书，针对采取有限邀请方式进行询价的项目，向接受邀请的保险公司发出询价书。在实际操作中，除非客户有明确指令，保险经纪人一般应向客户所在地的所有有资格参加报价的保险公司进行询价。保险经纪人应当在询价书发放之前，了解有关保险公司的资信情况，询价书中的保险要求应与保险公司的业务范围和经营区域相一致，避免无效询价。

2. 保险询价书的发放形式

通常情况下，向保险公司发放的询价书应当是与客户确认后的询价书原件。一般以现场发售居多，保险公司在规定的时间统一领取，确保参与报价的保险公司能够获得同等的报价时间，保证各保险公司能够平等地参与竞争。询价书发放时应由保险公司签署领取手续。

(六) 成立询价小组

询价小组主要负责对各保险公司提供的报价按照询价书的规定进行独立评价。

四、编制递交报价文件

各保险公司应在规定的时间内提交报价文件，一般来讲，报价文件中应一次报出一个不可更改的最终报价，以确保公平竞争。在收取报价书时，应当采取书面签收制度，符合报价书交纳时间和封存要求的报价视为有效。报价文件要求为密封报送。报价文件提交后，保险公司不得对报价文件进行修改。报价书应在结束报价后统一拆封，必要时应与客户共同进行。保险公司在报价结束后提供的补充材料，保险经纪公司原则上不予收取，特殊情况下，对于非主要承保条件、保险价格内容的变更或补充，需在客户书面同意后方可收取，并区别于原始报价材料。这样做，一方面是为了避免因报价书交纳时间差异的信息外露，或报价书拆封后的信息外露，影响询价工作的公正性；另一方面也是防范保险经纪人自身风险的一种手段。

案例 4-3

评审程序(节选)

(1) 采购代理机构将组织询价小组对各报价人的报价文件进行初步审阅。

(2) 询价小组将对报价人的报价文件进行初步评审。如报价文件出现但不限于下列情况，其报价将被拒绝(作为无效报价)。

① 报价文件中要求法人代表签字和加盖公章的文件无法人代表签字或公章的，或签字人无法人代表有效委托的。

② 不符合供应商资格标准的。

③ 报价有效期不足的。

④ 供应商未提交询价保证金或金额不足的。

⑤ 不满足询价文件中标有星号“*”的被视为重要指标要求的。

⑥ 供应商在一份报价文件中对同一项目的报价有两个或多个的，且未书面声明以哪一种报价为准的。

⑦ 最终报价超出业主(采购人)预算价的。

⑧ 询价小组认为报价文件没有实质上响应询价文件要求的。

(3) 询价小组对通过初步评审的报价文件进行详细评审，询价小组对各报价文件进行价格评审，最终报价最低者为预成交供应商。

(4) 询价小组在对各报价人的报价进行评审时，如发现报价在计算上或累加上有算术错误，则按以下方法修正(次序排先者优先)。

① 若报价文件的大写金额和小写金额不一致的，以大写金额为准。

② 总价金额与按单价汇总金额不一致的，以单价金额计算结果为准，并修正总价。

③ 金额小数点有明显错位的，应以总价为准，并修正单价。

④ 采购人需要的服务和附带所需的费用，如果报价人是另外单独报价的，评审时应计入总价。

⑤ 询价小组认为应调整的价格。

(5) 询价小组按照上述原则调整报价文件中的价格，调整后的价格对报价人具有约束力。如果报价人不接受修正后的价格，则其报价将被拒绝。

(6) 询价小组推荐符合采购需求，最终报价最低的报价人为本项目成交候选人。

案例思考

分析上述案例中的评审程序是否有不妥之处？如有不妥，应如何修改？

五、报价分析与保险公司遴选

(一) 询价小组审阅报价文件

询价小组全体成员审阅各保险公司的报价文件，主要审查各报价文件的完整性、对采购方案的响应情况、报价单位资格及资质的符合性等，以判定报价文件的有效性等。审阅过程中，应确保公平地对待每一份报价文件。

(二) 询价小组进行综合评价

询价小组要对各保险公司的报价进行综合评价，评价的依据主要是询价文件中事先预定的评审方法和评定成交的标准等，一般情况下在审阅报价文件及对报价文件进行综合评价的过程中，询价小组会就报价情况与对应的保险公司进行沟通。

(三) 提交报价分析报告

1. 报价分析报告应当公正、客观地分析各保险公司的综合承保条件

报价分析报告应当对保险公司的资信状况、承保资格和承诺的保险责任、保险价格、服务内容和服务体系等各方面内容进行分析。服务内容和服务体系的承诺，应当与保险责任和保险价格并重。

通常情况下，客户自己进行保险询价时，往往只重视保险责任和保险价格。保险公司在以传统思维方式参与保险竞争时，也往往将报价重点集中于价格竞争。但是，如果认真分析可以发现，社会上所常见的保险纠纷很少是价格争议，而更多集中于保险服务。统保项目的保险安排中，对服务内容和服务系统要求较高，需要有适合于企业自身的服务体系和服务内容。因此，在实际业务中保险责任和价格只占权重的1/3，服务内容和服务体系的比较，应当作为制作报价分析报告的重点之一。

2. 报价分析报告应当从保险报价的优惠程度和保险承诺的可行性两方面进行分析

在评价保险公司的报价时，不仅需要客观地评述各家公司的优劣，推选出综合条件最优的保险公司，而且要分析保险公司承诺的保险条件是否具有可行性。在实际业务中，尤其是有保险经纪人参与的统保项目中，由于国内目前保险市场尚不够成熟，很可能会出现个别保险公司以极低报价参与竞争的情况。在这种情况下，应当要求保险公司对其报价的可行性进行论述，并在报价分析中进行客观分析，讲明利弊。过低的保险报价，虽然从表面上看是让利于客户，但在实际上不仅会扰乱保险市场，给承保公司带来风险，也必然会因服务成本的不足，直接影响到保险公司的服务品质，为日后保险合同的履行埋下隐患。实践中，如果客户执意选择低于成本的保险报价，保险经纪人应当以书面文件形式要求客户进行确认，以避免经纪人承担过错赔偿责任。

(四) 参与客户与保险公司之间的谈判

1. 协助客户做好谈判前的准备工作

在经纪业务中，协助客户进行保险谈判是一个必不可少的过程。在谈判前，保险经纪人应当对初选保险公司的报价书进行认真分析，从中找出与询价书要求不符和文字表述不明确的部分，分析在谈判中可能与保险公司发生争议的焦点问题，制作谈判要点，确定争议焦点问题客户的承受底线，做到知彼知己，才能更好地进行谈判。

2. 确定参加谈判的三方人员

在正式谈判前，必须确定参加谈判的人员组成和人员资格，尤其对保险公司的参加人员要提出严格要求。大型项目的保险谈判，应要求保险公司组成由公司业务主管领导、核保部门、理赔部门、系统技术部门、法律部门等共同参与的谈判小组，必要时应要求保险公司总公司直接参加谈判。

3. 谈判时间合理，以确保客户利益

首先，统保业务涉及的权益要点很多，每一个关键要点都需要与保险公司反复争取。

其次，保险经纪公司为客户量体裁衣设计的保险方案中，存在若干超出保险公司现有操作模式但符合实际情况的创新，这些方面需要与保险公司进行充分沟通。最后，在大型项目保险运作中，需要有针对性地制定可行的保险服务体系和服务流程，也需要与保险公司各部门充分协调，而且在保险谈判中，各种突发事件随时可能发生，这一切都需要用时间来解决。

4. 合理运用谈判技巧，维护客户利益

保险总公司参与谈判的人员大多是“身经百战”，具有深厚保险功底的精英人才，与这些人谈判，不仅需要保险经纪人具有同等的保险知识，更需要具有高超的谈判技巧、全面的保险相关知识和与客户默契的现场配合。

5. 创造良好的洽谈环境，争取双赢结果

谈判中，保险经纪人应当具备驾驭谈判进程的能力，促使客户和保险公司在友好的气氛中进行谈判。保险经纪人的义务是协助客户选择优秀的保险公司，争取优惠的承保条件，而良好的谈判氛围正是达成双方默契的催化剂。

(五) 遴选保险公司

1. 报价分析报告中，建议推荐两家保险公司作为初选公司

在向客户推荐保险公司时，一般应选择两家或两家以上。首先，保险产品内容复杂，很难在报价时直接确定中选公司。其次，即使是初选的保险公司也会存在不完全满足询价要求的情况，需通过谈判进行下一步沟通，这时需要有其他备选保险公司来制约。最后，客户的保险需求可能随时调整，没有备选保险公司存在，难以满足客户的需求调整。因此，在报价分析报告中，一般应向客户推荐两家或两家以上保险公司作为初选公司。

2. 询价小组根据综合评价情况，推选预成交保险公司名单

一般情况下，成交保险公司应是符合采购要求、质量和服务相等，且报价最低的保险公司。

3. 询价小组完成询价报告

询价报告主要包括询价公告(询价邀请书)发出的日期、方式，响应询价及获取询价书的保险公司名单，报价及评价日期和地点，询价小组成员及工作人员名单，报价记录，评审方法和标准，报价资格性、符合性审阅情况及报价无效的保险公司名单和原因说明，评价记录，综合评价情况，询价小组的确定预成交的建议等。

4. 确定成交保险公司

根据询价小组的询价结果报告及其推选的预成交单位名单，依照询价书、评审办法和文件、事先制定的确定成交原则，确定最终成交的保险公司。

5. 签发询价结果通知书

向成交保险公司签发询价结果通知书(成交通知书)，并将结果通知所有参与报价的保险公司。

六、协助签署协议

保险协议是保险谈判结果的体现，严谨、规范的保险协议是保证客户利益，减少保险纠纷，维护保险合同长期稳健履行的必要保证。一是做好协议文字的把关工作，保证文字表达的准确、真实，在保险协议中一定要规避条款中存在的不规范文字。二是保证保险协议的合法性，从自身和对客户负责的双重角度，保险经纪人必须保证保险协议在内容上、程序上附合法律规定。

课堂活动 4-2

活动 1

每 3～5 个同学为一组，分组讨论以下内容：

1. 保险询价操作流程。
2. 如何做好保险询价的准备工作。

活动 2

每 3～5 个同学为一组，分组练习以下内容：

1. 编制发售保险询价文件。
2. 编制响应文件。
3. 进行保价分析，遴选保险公司。

第三节　保险询价文件的编制

一、询价文件的组成

采用询价方式采购的，应当制定询价文件。询价文件至少应载明下列内容。

(1) 询价邀请书。
(2) 询价须知。
(3) 采购数量。
(4) 保险公司的资格条件要求。
(5) 保险公司应当提供的资格证明材料。
(6) 采购项目技术和商务要求。
(7) 采购项目的价格构成。
(8) 体现满足采购需求、质量和服务相等的采购项目最低要求。
(9) 保险公司报价文件编制要求。
(10) 询价程序和成交标准。
(11) 询价工作纪律和注意事项。
(12) 保险公司报价文件相关文书格式。
(13) 合同主要条款。

(14) 采购项目履约验收标准和要求。

(15) 提交响应文件截止时间及地点。

(16) 保证金交纳数额和形式。

(17) 其他必要内容。

二、编写询价文件需要了解的内容

(1) 询价文件应当明确采购人是否授权询价小组直接确定成交保险公司。采购人自行确定成交保险公司的，询价文件应当明确询价小组推荐成交候选保险公司的数量(1～3 个)。

(2) 询价文件可以根据采购项目的特殊要求，规定保险公司的特定资格条件，但不得具有倾向性和歧视性。

询价文件对保险公司有资质要求的，应在保险公司的资格条件要求部分予以规定，不能在采购项目技术和商务要求部分规定。

(3) 询价文件规定的保险公司需要提供的资格证明材料，应当与对保险公司的资格条件要求对应。

(4) 询价文件规定的采购项目最低要求为保险公司必须满足的事项，且不能与采购项目技术和商务要求存在歧义或矛盾。

课堂活动 4-3

每 3～5 个同学为一组，分组讨论以下内容：

1. 如何组成保险询价文件。
2. 编写询价文件需要了解的内容。

第四节　保险报价分析报告的编制

一、报价分析报告的组成

(一) 报价文件

报价文件应包括但不限于以下几个部分。

(1) 报价函。

(2) 法定代表人资格证明文件或授权委托书。

(3) 公司简介，公司地址，联系方式、主要经办人联系方式。

(4) 公司上一年度资产负债表、公司资本金、上一年度营业收入、组织架构、员工总数、各主要险种经营收入比重结构等；近三年来承保的重大项目简介；近三年来重大理赔案件处理结果及缘由。

(5) 关于本项目承保标的的明细表，包括保险金额，保险费率、保险费测算、免赔额、部分标的项下报价人拟定的其他约定赔偿限额(若有)。

(6) 中国保险监督管理委员会批准执行的保险条款及承保条件、保险费交付计划、保费交付与保单效期起讫。

(7) 协议中服务本项目工作人员简历及经验简介。

(8) 对本项目承保风险的理解。

(9) 针对本项目保险防灾、防损、理赔服务计划。

(10) 针对本项目再保计划及安排(如果有)。

(11) 报价人资格证明文件。

(12) 证明报价人中选后有能力履行本合同的其他证明文件。

(二) 报价内容

报价人应充分理解询价文件中的全部内容，报价文件一经提出即表明报价人已经充分理解，完全确认询价文件的全部内容。报价人确认的报价文件具有法律效力。

(三) 报价文件的编写

(1) 报价人应按照询价文件准备相应份数的报价文件，一旦正本和副本发生差异，以正本为准。

(2) 报价文件正本和副本须打印，并由报价人法定代表人或其授权代表对报价文件每页进行签字，后者须将“授权委托书”以书面形式附在报价文件中。

(3) 报价文件中一般不允许有加行、涂抹或改字，若有修改须由签署报价文件之人签字认可，否则所做修改视为无效。

(4) 报价人如对询价文件中的条款有增加、删除或更改，应在报价文件中清楚地注明，否则视为同意并遵守。

(四) 报价价格

(1) 报价人应在拟投保险种细目及约定投保金额表上分别标明投保险种的费率和保险费数额。

(2) 若询价人认为需要，标的价格(包括单价或总价)可以进行调整，报价人如若中选成为承保人，须同意按调整后的约定金额承保并相应调整保费，无论估算金额如何约定，均不得以不足额投保/超额投保为由，推卸或部分推卸责任。

(五) 报价货币

报价货币应以人民币表示。

(六) 报价人资格的证明文件

(1) 作为报价文件的一部分，报价人须提供证明其有资格进行报价和有能力履行合同的文件。

(2) 报价人提供的履行合同的资格证明文件应达到询价文件要求。

(3) 报价人应具有履行合同所需的技术能力。

(4) 报价人应具有履行合同所需的经济能力。

(七) 报价保证金

报价保证金应以人民币表示。

(八) 报价有效期

(1) 自××年×月×日至××年×月×日为报价有效期。

(2) 若遇特殊情况，报价人可于报价有效期满之前要求询价人同意延长有效期。

(3) 要求与答复均应为书面形式(电报/信件/传真)往来。

(4) 询价人可以视情况决定同意或不同意，询价人如同意延长报价有效期，报价人不能在截止日期后对已正式提交的报价文件进行修改。

(九) 报价文件的递交、密封和标记

(1) 报价人应将报价文件正本和副本密封并加盖公章。

(2) 报价文件应派人在规定时间内送达询价文件要求的指定地点；注明项目名称、正本和副本等；写明报价人名称和地址。

(3) 如果报价文件未按规定递交、密封和标注，询价人、保险经纪人可拒绝该报价文件。

二、编写报价分析报告需要明确的内容

(一) 对报价文件的修改和撤销

(1) 报价人在提交报价文件后可对其报价文件进行修改或撤销，但需在询价截止日期前将该修改或撤销的内容以书面通知的形式送交询价人。截止日期后不得修改报价文件。

(2) 报价人对报价文件的修改或撤销应按相关规定进行准备、密封、标注和递送。

(3) 询价人、保险经纪人可拒绝迟到的报价文件。

(二) 本着公正、公平、专业的原则汇总分析报价结果

根据客户或项目组织方要求，以及项目或保险报价的复杂程度，可以书面方式编写分析报告并提交客户，客观介绍、分析和比较保险公司报价情况、资质、偿付能力、服务质量、赔款时效性等情况。如客户需我方推荐保险公司的，应推荐至少两家保险公司供客户选择。

就报价结果与客户或项目组织方进行沟通，就保险公司选择及保险公司承保份额、最终投保条件等达成一致。视情况可向中选保险公司发送中选通知。

延伸阅读 4-1

询价邀请函(范本)

××保险经纪公司受××公司委托，就××项目进行公开询价采购，兹邀请具备独立法人资格和相关条件的保险公司参加报价。

一、采购编号：
二、采购项目：
三、采购方式：询价采购
四、采购内容：
五、保险公司资格要求：
六、询价文件领取时间和方式：
七、报价截止时间及递交：
八、联系方式：
联系人：
联系电话：

××保险经纪公司
××年×月×日

课堂活动 4-4

每 3～5 个同学为一组，分组讨下论以内容。
1. 保险报价分析报告的组成。
2. 编写报价分析报告需要明确的内容。

本 章 小 结

本章主要介绍了政府以及非政府询价采购的操作流程，询价的适用范围、原则及询价各个工作环节的具体要求，以及询价文件和保险报价分析报告的编制。

知识与技能训练

案例分析

某保险经纪公司船舶保险询价书

(一) 报价邀请书

保险公司：

根据中华人民共和国有关法律法规的规定，根据水路货物运输企业经营的特性，为保证____________公司所拥有的船舶运输生产和管理工作的顺利进行，我们特就该批船舶向全国各具有相应资格的财产险类保险公司提出船舶保险公开询价，特邀请贵公司参与报价。

特别注意：贵公司一旦中选成为此次询价标的的承保人，则贵公司在所提交的报价文件中针对本询价文件各项条件/条款及所作承诺被询价人视为保险公司所同意的条件/条款。

询价文件于_____年___月___日___时___分(北京时间，下同)在______(地点)发送。请贵公司按询价文件要求认真编制报价文件，并于______年___月___日___时___分前将报价文件当面递至或特快专递至航监处，逾期作放弃处理。

询价人：

公司地址：

联系电话：

联系传真：

邮政编码：

经纪人：

公司地址：

联系人：

联系电话：

联系传真：

邮政编码：

年 月 日

(二) 报价须知

1. 概述

(1) 公司简介。

(2) 报价人拟承保标的。

(3) 询价人、保险经纪人及被保险人。

本次公开询价/报价活动依照《中华人民共和国招标法》相关法律法规进行。询价人为____，经纪人为______保险经纪有限公司。

本次询价，由询价人和保险经纪人共同组织。询价人作为本次询价的船东方，负责与中选人签订保险合同。与询价人签订了保险合同的中选人为本批船舶的保险公司，询价人_____________________________作为本项目的被保险人。

2. 询价内容

(1) 本次询价内容为上述“拟承保标的”的船壳险及保赔类保险的承保权。

(2) 询价人有权对拟投保险种进行调整。

3. 报价人资格

本项目只接受受询价人和保险经纪人邀请的报价人报价，最低资格限度为中国境内经中国保险监督委员会批准经营的省级财产险分公司。报价人必须向询价人购买询价文件，必须承认和履行询价文件中的各项规定。

4. 报价费用

报价人为报价所发生的一切费用均由报价人承担。

5. 询价文件

(1) 询价文件中已经阐明询价内容、询报价程序和本项目风险状况。询价文件包括：

第一部分 报价邀请书

第二部分　报价须知

第三部分　询价内容

第四部分　附件　保险条款

(2) 报价人应详细阅读询价文件中所有须知、格式、条款和要求。

报价人应按询价文件要求提交全部资料和报价文件，若提交的资料未对询价文件作出全面响应，那么报价人将承担其风险，并有可能导致报价文件被拒绝。

(3) 报价人确信：其从询价人处获得的关于本批船舶的投保信息是全面、真实和有效的，询价人关于本批船舶信息的披露与有意隐瞒或虚假提供无关。本须知所列各项条件，只是同意报价人参加报价的条件；一旦保险经纪公司报价人中选成为本标的的保险公司，则他在报价时同意的本须知所列各项条件以及针对本询价文件所作出的书面承诺，自动构成保险合同一部分，因而必须在处理涉保事宜时遵守，否则承担违约责任。

6. 询价文件的澄清和修改

(1) 任何要求对询价文件提出澄清要求的报价人，应在报价截止日期前5个工作日按报价邀请书中注明的通信地址以书面(电报/信件/传真)的形式同时通知询价人和保险经纪人。

(2) 询价人、保险经纪人对截止日期前5个工作日收到的澄清要求视情况将以书面形式予以答复，并将不标明查询来源的书面答复正式传真(或寄送)已经邀请的每一个报价人。

(3) 在询价截止日期前3个工作日，询价人、保险经纪人可主动在答复报价人提出澄清问题时对询价文件进行修改。

(4) 询价文件的修改将以书面形式通知所有被邀请的报价人，报价方应立即以合适的方式通知询价人并确认已经收到该修改。

(5) 为使报价人在准备报价文件时有合理的时间考虑询价文件的修改，询价人、保险经纪人可以根据实际情况酌情推迟报价截止日期，并及时通知报价人。报价人不同意推迟报价截止日期的，报价人不能在规定日期之内提交报价文件(方案)的，可视为自动放弃此次竞争报价。

7. 现场勘查

8. 报价语言

报价人准备的报价文件和报价人与询价人、保险经纪人之间往来的所有与标书有关函电文件以中文书写。如果报价人提供的文件资料以其他语言书写，报价人应将其译成中文作为报价的语言，如有差异，以中文为准。

9. 报价文件的组成

(1) 报价文件。

报价文件包括但不限于以下几个部分。

① 报价函。

② 法定代表人资格证明文件或授权委托书。

③ 公司简介，公司坐落地址，通常联系方式、主要经办人联系方式。

④ 公司上一年度资产负债表、公司资本金、上一年度营业收入、组织架构、员工总数、各主要险种经营收入比重结构等；近三年来承保的重大项目简介；近三年来重大理赔案件处理结果及缘由。

⑤ 关于本项目承保标的的明细表，包括保险金额、保险费率、保险费测算、免赔额、部分标的项下报价人拟定的其他约定赔偿限额(若有)。

⑥ 中国保险监督管理委员会批准执行的保险条款及承保条件、保险费交付计划、保费交付与保单效期起讫。

⑦ 拟议中服务本项目工作人员简历及经验简介。

⑧ 对本项目承保风险的理解。

⑨ 针对本项目保险防灾、防损、理赔服务计划。

⑩ 针对本项目再保计划及安排(如果有)。

⑪ 报价人资格证明文件。

⑫ 证明报价人中选后有能力履行本合同的其他证明文件。

(2) 报价人应充分理解询价文件中的全部内容，报价文件一经提出即表明报价人已经充分理解，完全确认询价文件的全部内容。报价人确认的报价文件具有法律效力，与询价人、保险经纪人的口头协议不能影响询价/报价文件的任何条款和内容。

10. 报价文件的编写

(1) 报价人应编写询价文件中第 9 款所要求的所有文件。

(2) 报价人应准备五份报价文件(一份正本，四份副本)，一旦正本和副本发生差异，以正本为准。

(3) 报价文件正本和副本需打印，并由报价人法定代表人或其授权代表对报价文件每页进行签字，后者须将“授权委托书”以书面形式附在报价文件中。

(4) 报价文件中一般不允许有加行、涂抹或改字，若有修改须由签署报价文件之人签字认可，否则所做修改视为无效。

(5) 报价人如对询价文件中的条款有增加、删除或更改，应在报价文件中清楚地注明，否则视为同意并遵守。

11. 报价价格

(1) 报价人应在拟投保险种细目及约定投保金额表上分别标明投保险种的费率和保险费数额。

(2) 若询价人认为需要，标的价格(包括单价或总价)可以进行调整，报价人如若中选成为承保人，须同意按调整后的约定金额承保并相应调整保费。无论估算金额如何约定，报价人在中选成为本批船舶保险公司后，均不得以不足额投保/超额投保为由推卸或部分推卸责任。

12. 报价货币

报价货币应用人民币表示。

13. 报价人资格的证明文件

(1) 作为报价文件的一部分，报价人须提供证明其有资格进行报价和有能力履行合同的文件。

(2) 报价人提供的履行合同的资格证明文件应达到询价文件要求。

(3) 报价人应具有履行合同所需的技术能力。

(4) 报价人应具有履行合同所需的经济能力。

14. 报价保证金

报价保证金应以人民币表示。

15. 报价有效期

(1) 自______年____月____日至________年____月____日为报价有效期。

(2) 若遇特殊情况，报价人可于报价有效期满之前要求询价人同意延长有效期。

要求与答复均应为书面形式(电报/信件/传真)往来。

询价人可以视情况决定同意或不同意，询价人如同意延长报价有效期，报价人不能在截止日期后对已正式提交的报价文件进行修改。

16. 报价文件的递交、密封和标记

(1) 报价人应将报价文件正本和副本密封并加盖公章。

(2) 报价文件应派人在规定时间内送达询价文件要求的指定地点，注明项目名称、正本和副本等，写明报价人名称和地址。

(3) 如果报价文件未按规定递交、密封和标注，询价人、保险经纪人可拒绝该报价文件。

17. 报价文件的修改和撤销

(1) 报价人在提交报价文件后可对其报价文件进行修改或撤销，但须在询价截止日期前将该修改或撤销的内容以书面通知的形式送交询价人，但截止日期后不得修改报价文件。

(2) 报价人对报价文件的修改或撤销应按询价文件中第 10 款和第 16 款进行准备、密封、标注和递送。

(3) 询价人、保险经纪人可拒绝迟到的报价文件。

18. 无效的报价

(1) 报价文件未密封的。

(2) 报价文件未按规定加盖印章和签字的。

(3) 报价文件未按规定格式、内容填写的。

(4) 其他不符合询价文件要求的报价。

19. 选择保险公司

询价人在收到报价人报价文件后，将在约定时间内(时间另行通知)，对报价文件的内容进行综合评议，确定保险公司。

20. 报价文件的审查

(1) 询价人将审查报价文件。如果单价(指保险费率)和总价(指保险费总额)有差异，以单价为准，并对总价进行修改。若数字和文字表示的金额之间有差异，以文字金额为准，并对数字做相应修改。报价人必须接受上述修改。

(2) 对报价文件进行评议，包括评议报价文件是否对询价文件的要求作出了实质性的响应。

(3) 实质性的响应系指报价文件符合询价文件的所有主要条款、条件及规定而没有重大偏离或存在保留权。

(4) 重大偏离或保留权系指报价文件与询价文件有实质性不一致，限制了合同项下询价人的权利和报价人的义务。而该重大偏离或保留权将影响报价人的竞争地位。

(5) 决定报价文件的响应性是基于报价文件本身而不依靠外部的证据。

(6) 询价人、保险经纪人将拒绝被认定为非响应性的报价，报价人不能通过修正或撤销不符合之处而使其报价成为响应性报价。

21. 对报价文件的评议

(1) 将按询价文件中第 20 款规定对被定为实质响应的报价进行评审。

(2) 评审是询价人的责任和权利，为集思广益、公平竞争，询价人将邀请有关专家组成评审小组。

(3) 中选候选人的确定是根据报价、服务承诺、报价人的资质、信誉、业绩以及其他各方面因素综合评定的结果。

(4) 报价最低的报价人有不中选的可能，对未中选的原因，询价人、保险经纪人没有义务进行解释和说明。

22. 报价文件的澄清

(1) 为有助于报价文件的审查，询价人、保险经纪人有权要求报价人以书面形式对其报价文件进行澄清。

(2) 澄清的书面资料必须经授权代表签字后方为有效，并与报价文件具有同等的法律效力。

23. 保密原则

(1) 到保险合同签署时止，有关报价文件的审查、澄清、评议以及有关授予合同的意向等一切情况都不得透露给报价人或与上述评审工作无关的人员。

(2) 报价人以任何办法去影响报价评议人员或其他有损公平、公正的行为，将导致其报价被废除。

24. 中选通知

(1) 报价文件有效期满后询价人、保险经纪人将于合适时间书面通知中选人其报价已被接受。

(2) 在向中选人发出中选通知书后，询价人、保险经纪人将通知落选的报价人其报价未被接受。

25. 签订合同

报价人在接到中选通知后，必须在规定的时间内，准时派授权代表到指定地点与询价人进行合同谈判，签订保险合同，否则按自动弃权处理。

(三) 询价内容

1. 保险标的简介

船名:　　　　　　　　　　数　　量:

保险金额:

船舶种类:　　　　　　　　船 籍 港:

船体材料:　　　　　　　　垂线间长:

总　　长:　　　　　　　　总　　吨:

型　　宽:　　　　　　　　载 重 吨:

型　　深:　　　　　　　　净　　吨:

设计吃水:　　　　　　　　结构吃水:

主机功率:　　　　　　　　功　　率:

发 电 机:　　　　　　　　功　　率:

船　　型:　　　　　　　　建造年月:

核定航区:

用　　途:

所有人/经营人:

2. 可保利益细分

A. 船壳险报价方案之一：含 1/4 碰撞责任

免赔额分档次/元	保险费率
每次事故 RMB5 000.00	
每次事故 RMB10 000.00	
每次事故 RMB20 000.00	

B. 船壳险报价方案之二：不含 1/4 碰撞责任

免赔额档次/元	保险费率
每次事故 RMB5 000.00	
每次事故 RMB10 000.00	
每次事故 RMB20 000.00	

C. 保赔险方案之一、保赔险方案之二

保险费率	不含 1/4 碰撞责任	含 1/4 碰撞责任
赔偿限额 RMB 万元		
赔偿限额 RMB 万元		

3. 保险条款

(1) 条款和保赔条款。

(2) 分项保费小计。

4. 优惠条件及给付方式

5. 经纪人佣金

总保险费______%。

(四) 保险条款(略)

1. 沿海、内河船舶保险条款(1996/11/1)

2. 中国人民保险公司《船东保障和赔偿责任险条款》(1993)

3. 中国船东互保协会保险条款(2002)

通过阅读上述案例材料，回答以下问题:

(1) 保险询价书一般应包括哪些内容?

(2) 如何编制保险询价书?

实训

×××房地产公司员工综合福利保险询价书

第一部分: 客户基本情况

(一) 客户基本情况简介

客户名称: ×××房地产公司

(二) 参保人员情况简介

(1) 此次参保人员约 2.3 万人，全部为在职员工。

(2) 参保人员平均年龄 29 岁。

(3) 所有参保人员均已参加基本医疗保险，其中约 1.5 万人参加北京市基本医疗保险，其余人员参加深圳市基本医疗保险。

(4) 每年人员流动频繁，累计约 2 万人次。

(三) 参保人员健康状况

(1) ××年出现 3 人患重大疾病

(2) ××年有 2 人死亡。

第二部分: 保险方案与承保条件

员工补充医疗保险协议

(2014 年度)

甲方:

法定代表人:

注册地址:

乙方:

法定代表人:

注册地址:

为建立职工福利保障机制，提高职工的医疗待遇水平，甲方决定通过商业保险形式完善职工医疗保险制度，根据《中华人民共和国合同法》《中华人民共和国保险法》等有关规定，甲、乙双方本着自愿、平等、互利和诚实信用的原则，经充分协商一致，就甲方指定乙方为补充医疗保险的承保公司，乙方为甲方提供相应保险服务事宜，自愿达成本协议，以兹共同遵守。

保险合同由以下部分组成。

(1) 批单及形成协议的其他有关文件。

(2) 保险协议。

(3) 甲方投保材料。

(4) 保险单、保险条款。

上述文件互为补充和解释，如有不清或互相矛盾之处，以上述所列顺序在前的为准，但双方有特别约定的除外。

(一) 基本事项

1. 投保人

甲方为投保人。

2. 被保险人

甲方全体员工(含已患重大疾病的员工)为被保险人。其中部分人员已参加北京市基本医疗保险，部分人员已参加河北市基本医疗保险。具体人员信息及基本医疗所在地以甲方投保时提供的人员清单信息为准。

3. 保险公司

乙方作为承保公司，承担对被保险人的各项保险责任。

4. 保险经纪人

×××保险经纪有限公司为甲方的保险经纪人。

(二) 保险计划

1. 保险计划一：参加计划一的人员以甲方提供的人员信息为准。

投保险种	保险责任	给付方式	保险金额	
			201×年×月×日—×月×日	201×年×月×日—×月×日
意外伤害保险	意外伤害导致的身故、伤残	一次性给付	×万元	×万元
疾病身故保险	因疾病身故或全残	一次性给付	×万元	×万元

续表

投保险种	保险责任	给付方式	保险金额	
			201×年×月×日—×月×日	201×年×月×日—×月×日
重大疾病保险	初患约定的重大疾病	一次性给付	×万元	×万元
意外伤害医疗保险	意外伤害门诊、住院医疗费用	免赔额：×元/次 赔付比例：×%	×万元	×万元

2. 保险计划二：参加计划二的人员以甲方提供的人员信息为准。

(1) 保险期间：××年×月×日 0 时至××年×月×日 24 时

(2) 保险方案

投保险种	保险责任	给付方式	保险金额
意外伤害保险	意外伤害导致的身故、伤残	一次性给付	×万元
疾病身故保险	因疾病身故或全残	一次性给付	×万元
重大疾病保险	初患约定的重大疾病	一次性给付	×万元
意外伤害医疗保险	意外伤害门诊、住院医疗费用	免赔额：×元/次 赔付比例：×%	×万元

3. 保险计划三：参加计划三的人员以甲方提供的人员信息为准。

(1) 保险期间：××年×月×日 0 时至××年×月×日 24 时

(2) 保险方案

投保险种	保险责任	给付方式	保险金额
补充医疗保险	门(急)诊	免赔额：×元/年 赔付比例：×%	×万元
	住院	免赔额：×元 赔付比例：×%	×万元

(三) 保险费

1. 保险计划一的保险费

每人的保险费为____元，保险费合计_______元。

2. 保险计划二的保险费

每人的保险费为____元，保险费合计_______元。

3. 保险计划三的保险费

每人的保险费为____元，保险费合计_______元。

(四) 投保出单与保费险的支付

1. 投保材料

甲方投保时，需向乙方提供以下材料。

(1) 投保单(须加盖甲方公章)。

(2) 被保险人清单(须加盖甲方公章)及电子版。

被保险人清单中须包括的内容有：被保险人的姓名、身份证号码(如无法提供身份证号码，则提供性别、出生日期)、是否参加基本医疗保险及基本医疗保险关系所在地等。

2. 保险费的支付

(1) 保险费的支付金额

被保险人的保费由甲方承担，并一次性缴纳。

(2) 保险费支付时限

甲方在保险责任起始日前 5 个工作日内支付保险费，乙方自约定的保险责任起始日开始承担保险责任。

(3) 保险费的结算

因被保险人增减原因引起的保费变动，甲、乙双方于保险期满后 30 日内统一结算。

3. 出单

乙方应在收到投保材料及保险费后 5 个工作日内，根据本协议的有关内容应甲方要求为甲方出具保险单、保费发票。

(五) 保险条件(内容略)

(六) 理赔服务

1. 理赔材料

<table>
<tr><td colspan="2">基本理赔单证</td></tr>
<tr><td colspan="2">1. 理赔申请书(被保险人不能自行理赔的，要提供授权委托书)
2. 被保险人身份证明正、反面复印件
3. 被保险人(或法定受益人)个人结算账户存折或银行卡复印件，并注明开户行(账户姓名需与身份证姓名相同)</td></tr>
<tr><td colspan="2">根据申请项目，需额外提供的单证</td></tr>
<tr><td>意外伤害医疗门、急诊疾病医疗门、急诊</td><td>1. 门、急诊医疗费用票据原件或结算单及费用明细
2. 医保专用处方
3. 门、急诊病历(疾病诊断证明)、检查报告原件或复印件
4. 所能提供的证明事故性质及原因的相关证明材料</td></tr>
<tr><td>意外伤害医疗住院疾病住院</td><td>1. 住院费用发票原件或住院费用结算单原件(如交结算单原件时，则提供发票复印件即可)、费用总清单(明细单)
2. 诊断证明或出院小结或住院病历
3. 所能提供的证明事故性质及原因的相关证明材料</td></tr>
<tr><td>重大疾病责任</td><td>1. 重大疾病诊断证明书原件
2. 门诊和住院病历、相关检查报告、手术记录、医嘱、病理诊断书(二级或二级以上公立医院出具)
3. 所能提供的与确认保险事故的性质、原因、伤害程度等有关的其他证明和资料</td></tr>
</table>

续表

意外伤害身故责任和疾病身故责任	1. 公安部门、医院或人民法院出具的被保险人殡葬证明、医学死亡证明、户口注销证明原件或复印件 2. 相应的门诊和住院病历、相关检查报告、手术记录、医嘱、病理诊断书 3. 指定继承人或者法定继承人存折/卡复印件 4. 所有法定继承人的身份证明及与被保险人的关系证明或所有指定继承人的身份证明及与被保险人的关系证明 5. 因意外造成的身故还需提供能够证明事故性质、原因及伤害程度的相关证明和资料(如需公安部门介入的案件，需提供公安部门出具的相关事故认定书)
意外伤害伤残责任	1. 甲、乙双方认可或指定的伤残鉴定机构出具的被保险人残疾程度鉴定书或全残鉴定书原件
疾病全残责任	2. 与确认保险责任有关病案资料或公安部门出具的事故认定报告原件或复印件，或与确认保险责任有关病案资料 3. 所能提供的与确认保险事故的性质、原因、伤害程度等有关的其他证明和资料

2. 理赔时效

1) 初审时效

乙方自收到理赔单证之日起 2 个工作日内对单证不齐全的以书面形式向索赔申请人作出通知，并一次性列明所缺单证。

2) 核定时效

乙方在收到材料齐全、符合要求的理赔单证后，应在10个工作日内作出理赔核定。对属于保险责任的，乙方自作出核定之日 3 个工作日内，履行给付保险金的义务；对不属于保险责任的，乙方自作出核定之日起2个工作日内以书面形式告知索赔申请人并列明拒赔原因。

由于账户错误或银行转账时效过长等问题，不能按约定时效要求划款的，乙方应在得知账户问题后2个工作日内以书面形式通知索赔申请人。

对于情形复杂，理赔单证尚不足以证明有关情况，乙方需进行调查或需与被保险人协商的案件，乙方应在收到符合规定的齐全的理赔单证之日起 5 个工作日内以书面形式通知索赔申请人，说明不能按照约定时效理赔的原因。对此类案件，乙方应在收到理赔单证之日起30日内作出理赔核定。

乙方需进行调查案件一般情况下仅包括重大疾病案件和身故案件，对于其他类型的需进行调查的案件，乙方要向投保人及被保险人说明调查原因。

(七) 保全服务

1. 办理模式

甲方于每月___日前向乙方提供上个月保全变更申请书和变更人员清单。乙方于收到保全变更申请书和变更人员清单5个工作日内完成相关保全手续，并出具保险批单。

2. 增加被保险人

1) 办理流程及保险责任起期

(1) 甲方增加被保险人时，需据实填写指定的保全变更申请书，并提供新增人员信息。乙方经审核同意后根据甲方提交的办理单证签发批单，并自新增人员入职之日起承担保险责任。

(2) 如果甲方未能在新增人员入职之日起30天内以书面形式通知乙方，乙方在接到书面通知之日起最多向前追溯30天起承担甲方新增人员的保险责任。

2) 办理单证

保全变更申请书(加盖甲方人力资源部业务专用章); 新增人员清单(加盖甲方人力资源部业务专用章)。

3) 保费计算

按天计算新增被保险人保费，计算公式如下。

新增被保险人应缴保费=被保险人年缴保险费×(实际参保天数÷保单保险天数)

3. 减少被保险人

1) 办理流程及保险责任起期

甲方减少被保险人时，需据实填写指定的保全变更申请书，并提供减少人员信息。乙方根据甲方提交的办理单证签发批单，并自被保险人离职之日起终止该被保险人的保险责任。

2) 办理单证

保全变更申请书(加盖甲方人力资源部业务专用章)。

减少、人员清单(加盖甲方人力资源部业务专用章)。

3) 保费计算

对于已发生理赔的离职被保险人，乙方不退还未满期保险费。对于未发生理赔的被保险人，乙方按天计算退还未满期保险费，计算公式如下。

未满期保险费 = 被保险人已缴保险费×(未满期保险天数÷保单保险天数)

4. 保全保费结算

因被保险人增减因素引起的保险费变动，甲、乙双方在每个保险期间结束后30日内统一结算。

(八) 其他事项

1. 适用产品

本协议适用于乙方__(条款名称)__内容，若本协议内容与条款内容不一致时，以协议内容为准；本协议未尽事宜，以条款内容为准。

2. 协议有效期

本协议自双方法定代表人或其授权代理人签字并加盖公章之日起成立。有效期自××年×月×日 0时起，如无重大调整，至乙方履行完毕本协议的约定内容时止。

3. 协议的变更和解除

本协议如有未尽事宜，经甲、乙双方协商后，可以书面形式修改、补充，或由乙方在原保单、其他保险凭证上批注或附贴批单，并作为本协议的组成部分，修改和补充部分的效力优于本协议相关内容。

如因特殊原因需要解除本协议，甲方可随时书面通知乙方终止本协议，乙方应提前90日通知甲方退出或终止本协议，并应甲方要求协助甲方解决因提前终止协议所产生的相关问题。在本协议解除后的未到期保单和遗留问题，仍按本协议相关规定处理。

4. 保密条款

除下列情况，自本协议生效之日起，甲、乙双方不得将本协议涉及的所有有形、无形的信息及资料(包括但不限于双方的往来书面文字文件、电子邮件及信息、移动存储资料等)泄露给第三方或为履行本协议之外的目的自行使用。

(1) 为执行本协议而披露给提供相关服务的雇员、顾问、再保险人、保险经纪人，且接受信息的人同意就所接受的信息承担保密责任。

(2) 应法律或司法管辖要求提供。

(3) 经甲、乙双方书面同意。

本协议一方因过错造成泄密而给另一方造成损失的，或本协议一方因过错造成泄密而对被保险人和受益人造成损失的，由过错一方承担经济赔偿责任。本协议终止后本条款继续并长期有效。

5. 法律责任

由于本协议一方的过错，造成本协议不能履行或者不能完全履行的，由过错方依法承担违约责任；如属双方的过错，则根据双方过错的实际情况分别承担各自应负的违约责任。若发生违约情形，违约方依法依约承担其相应法律责任后，除守约方同意终止本协议，本协议仍须继续履行。

(1) 争议解决。甲、乙双方之间的一切有关本协议的争议应通过友好协商解决。如果协商不成，可向甲方所在地法院起诉。

(2) 因保险赔付争议引起诉讼，甲方有权选择管辖法院。

6. 其他

乙方按本协议所出具的正式保单为本协议的有效组成部分，保单与本协议冲突之处，以本协议内容为准，甲、乙双方另有明确约定的情况除外。

本协议正本___份，副本___份，甲、乙双方各执正本___份，副本___份，经纪人执副本___份。

(九) 附件

1. 附件一　人身保险伤残评定标准

2. 附件二　全残项目表

3. 附件三　重大疾病病种及定义

(以下无正文)

甲方：(盖章)　　　　乙方：(盖章)

授权代理人：(签字)　　　　授权代理人：(签字)

年　月　日　　　　年　月　日

第三部分：报价书要求

特别声明：对于询价书中列明需保险公司在报价书中明确的内容，如果保险公司在报价书中未明确回答，在评标时该项视为不满足条件。

(一) 对报价书的格式要求

请保险公司报价时注明："我司依据××年×月×日×××保险经纪有限公司发送的《×××房地产员工综合福利保险询价书》内容进行报价。"

(二) 报价书内容要求

请保险公司务必严格按照附件的格式进行保费报价、方案确认，以及经纪人佣金报价；请保险公司声明报价有效时限，有效时限应不少于60日。

(三) 报价书报送形式

请保险公司在报价文件中加盖公章，报价文件一式贰份密封(加盖公章)送至×××保险经纪有限公司。

(四) 报价书报送时间

请保险公司于××年×月×日×时前将报价书送至×××保险经纪有限公司，若未按规定时间提交电子文档或书面文件，则视为放弃报价。

附件一：报价书格式

附件二：佣金确认书格式

×××保险经纪有限公司

年　月　日

保险公司如有关于本询价书不清楚事宜请及时垂询：

联 系 人：

传　　真：

电子邮箱：

地　　址：

邮　　编：

附件一　报价书格式

(请保险公司务必严格按照以下格式进行保费报价及方案确认)

声明：

我司依据××年×月×日×××保险经纪有限公司发送的《×××房地产员工综合福利保险询价书》内容进行报价。

本报价书的有效时限为60日，于_____年__月__日__时止。

(一) 保费报价

保险公司：签章

年　月　日

(二) 保险责任及保险服务确认

请保险公司按照不同内容填写对应表格，如同意询价书中所列要求，请在“同意”一栏中画“√”；如不同意询价书中所列要求，请在“不同意”一栏中画“√”，并在“备注”一栏中写明原因及接受条件。

<table>
<tr><th colspan="2">内　　容</th><th>同意</th><th>不同意</th><th>备　　注</th></tr>
<tr><td colspan="2">一、基本事项</td><td></td><td></td><td></td></tr>
<tr><td colspan="2">二、保险计划</td><td></td><td></td><td></td></tr>
<tr><td colspan="2">三、保险费</td><td></td><td></td><td></td></tr>
<tr><td rowspan="7">四、投保出单及保险费的支付</td><td>(一)</td><td>—</td><td>—</td><td>—</td></tr>
<tr><td>1.</td><td></td><td></td><td></td></tr>
<tr><td>2.</td><td></td><td></td><td></td></tr>
<tr><td>(二)</td><td>—</td><td>—</td><td>—</td></tr>
<tr><td>1.</td><td></td><td></td><td></td></tr>
<tr><td>2.</td><td></td><td></td><td></td></tr>
<tr><td>3.</td><td></td><td></td><td></td></tr>
</table>

续表

<table>
<tr><th colspan="2">内　容</th><th>同意</th><th>不同意</th><th>备　注</th></tr>
<tr><td rowspan="12">五、保险条件</td><td>(一)</td><td>—</td><td>—</td><td>—</td></tr>
<tr><td>1.</td><td></td><td></td><td></td></tr>
<tr><td>2.</td><td></td><td></td><td></td></tr>
<tr><td>3.</td><td></td><td></td><td></td></tr>
<tr><td>4.</td><td></td><td></td><td></td></tr>
<tr><td>5.</td><td></td><td></td><td></td></tr>
<tr><td>(二)</td><td>—</td><td>—</td><td>—</td></tr>
<tr><td>1.</td><td></td><td></td><td></td></tr>
<tr><td>2.</td><td></td><td></td><td></td></tr>
<tr><td>(三)</td><td>—</td><td>—</td><td>—</td></tr>
<tr><td>1.</td><td></td><td></td><td></td></tr>
<tr><td>2.</td><td></td><td></td><td></td></tr>
<tr><td rowspan="2">六、理赔服务</td><td>(一)</td><td></td><td></td><td></td></tr>
<tr><td>(二)</td><td>—</td><td>—</td><td>—</td></tr>
<tr><td rowspan="4">七、保全服务</td><td>(一)</td><td></td><td></td><td></td></tr>
<tr><td>(二)</td><td></td><td></td><td></td></tr>
<tr><td>(三)</td><td></td><td></td><td></td></tr>
<tr><td>(四)</td><td></td><td></td><td></td></tr>
<tr><td>八、其他事项</td><td>(一)</td><td></td><td></td><td></td></tr>
</table>

若保险公司对询价方案有其他异议或补充说明，请在此处详细说明。

(三) 请保险公司列明服务人员联系方式

姓名	职务	职责	联系电话	邮箱

(表格不够可以扩展)

(四) 请保险公司同时报送本询价文件所涉及的保险条款

保险公司：签章
年　月　日

附件二　佣金确认书格式

佣金比例确认书

×××保险经纪股份有限公司：

我司承诺，贵公司于××年×月×日向我公司发放《×××房地产公司员工综合福利保险项目询价书》，经纪人佣金比例如下：

意外伤害保险的佣金比例为每笔保费的____%；疾病身故保险的佣金比例为每笔保费的____%；重大疾病保险的佣金比例为每笔保费的____%；补充医疗保险的佣金比例为每笔保费的____%。

我公司承诺在收到保险费后的____个日历日内向贵公司指定账户支付佣金。在保险期间内如因增加被保险人需补交保险费时，我公司承诺在收到补交保险费后的____个日历日内向贵公司指定账户支付佣金。

特此确认。

保险公司：　　(盖章)
年　月　日

复习思考题

一、单项选择题

1. 询价小组一般由采购人的代表 1 人和有关专家共(　　)人以上的单数组成，其中专家的人数不得少于成员总数的 2/3。

A. 3　　B. 5　　C. 7　　D. 9

2. 询价采购文件或询价通知书公布、发出之日至报价截止之日，一般不得少于(　　)日，其中工作日不得少于 3 日。

A. 2　　B. 3　　C. 4　　D. 5

3. 按照询价书邀请相关保险公司前来参与报价可采取(　　)和有限邀请方式。

A. 公开招标　　B. 公开方式
C. 邀请招标　　D. 无限邀请

4. 保险询价采购首先应当遵循政府采购的一般原则，将询价采购活动置于公开透明的环境中属于(　　)原则。

A. 公开透明　　B. 公平竞争

C. 公正　　　　D. 诚实信用

5. 科学设置评判标准中衡量采购人权益保障程度的重要指标是(　　)。

A. 价格指标　　　　B. 服务指标

C. 质量要求　　　　D. 采购人的特殊需求

6. 公开邀请方式对报名参与报价的保险公司进行资格预审，主要包括(　　)和专业资格审查等。

A. 偿付能力　　　　B. 责任准备金

C. 基本资格审查　　　　D. 合规审查

二、判断题

1. 询价过程中应公平对待每一位参与报价的保险公司。(　　)

2. 政府采购项目可允许保险公司提供一个或以上的报价。(　　)

3. 询价方式确定成交的原则符合采购需求、质量和服务相等且报价最低。(　　)

4. 完全以最低价确定成交保险公司符合询价采购的法定操作程序。(　　)

5. 保险询价书发放一般以现场发售居多，应由保险公司签署领取手续。(　　)

6. 询价文件可以根据采购项目的特殊要求，规定保险公司特定资格条件甚至具有倾向性。(　　)

7. 询价人、保险经纪人可拒绝迟到的报价文件。(　　)

8. 报价人为报价所发生的一切费用均由报价人承担。(　　)

三、多项选择题

1. 询价采购首先应当遵循政府采购的一般原则，即(　　)。

A. 公开透明原则　　　　B. 公平竞争原则

C. 公正原则　　　　D. 诚实信用原则

E. 近因原则

2. 询价采购的特殊性原则是(　　)。

A. 确保竞争原则

B. 公平对待原则

C. 最低报价原则

D. 科学设置评判标准

E. 全面公示评标结果

F. 严厉打击违规采购行为

3. 询价操作流程主要包括(　　)。

A. 成立询价小组

B. 确定被询价的保险公司名单

C. 询价

D. 确定成交保险公司

E. 成立谈判小组

4. 询价采购准备阶段的步骤为(　　)。
   A. 保险需求调研
   B. 保险方案确定
   C. 保险询价采购计划制订
   D. 成立询价小组
5. 编制询价书应具体包括(　　)。
   A. 询价邀请书
   B. 采购项目要求
   C. 报价单位须知
   D. 合同格式框架
   E. 报价文件格式
6. 报价分析中遴选保险公司的用方法为(　　)。
   A. 推荐两家保险公司作为初选公司
   B. 推选预成交保险公司名单
   C. 完成询价报告
   D. 确定成交保险公司
   E. 签发询价结果通知书

四、简述题

1. 根据所学知识制作一份保险经纪项目的询价文件。
2. 政府采购询价的流程有哪些？
3. 思考询价的适用前提是什么？
4. 比较公开招标、邀请招标、竞争性谈判、询价采购的异同点。

第五章　保险管理与采购

课前导读

保险是企业风险管理中最为常用的一种手段。保险管理是指企业在专业保险公司的协助下，确保以最小的经济成本去获得最大安全保障的管理活动。保险采购既是企业保险管理的一项重要工作，也是保险管理过程中的一个重要环节。保险采购在帮助企业选择合适的保险公司，以最有利自身的方式进行投保这一过程中发挥着不可替代的作用。

知识学习目标

通过学习本章，了解保险采购工作是企业保险管理中的一项重要工作。

能力培养目标

通过了解保险管理、保险采购与保险管理的关系、保险管理与企业其他管理的关系，能够区分保险采购与保险管理，能够正确认识保险采购在企业保险管理中所起的作用。

1. 掌握保险管理的定义。
2. 了解保险管理的内容。
3. 熟悉保险管理的制度建设。
4. 认识保险管理的组织架构。

教学重点

1. 保险管理的定义。
2. 保险管理与企业其他管理的关系。
3. 保险采购与保险管理之间的关系。

教学难点

1. 保险管理的内容。
2. 保险管理的制度建设与组织架构。

引导案例

国家游泳中心的工程建设始于 2003 年，但该项目的保险一直用人保出具的暂保单承保，直至 2004 年“8·27”风灾损失后，国家游泳中心开始加快保险的安排速度，决定聘请专业的保险经纪人提供整套保险及风险管理服务。在保险经纪人的竞标中，××公司凭借一流的专业技术和优质的服务胜出。其提供的服务主要有专业的风险评估、保险方案设计及投保安排和设计全方位的风险管控体系等。××公司提供的出色服务受到国家游泳中心的高度认可，工程完工后，又委托××公司继续为其提供财产险等保险经纪服务，至今，国家游泳中心已成为××公司的长期固定客户。

第一节 企业保险管理概述

一、保险管理的定义

据怡安全球风险咨询(Aon Global Risk Consulting)和世界大型企业联合会(The Conference Board)所做的全球风险管理调查报告，早在 2007 年《财富》500 强企业中，已经有 80%的企业在其董事会内部建立或部分建立了风险管理的制度，50%的企业已经成立了负责全面风险管理的团队。而那些专门负责监督公司风险管理行为的领导职位被称为首席风险官(Chief Risk Officer，CRO)或风险经理。企业风险管理(Enterprise Risk Management，ERM)是企业主动地去识别潜在的风险事项，对其损失原因进行分析，对其损失概率和可能造成的潜在损失大小就行估计，在此基础上，选择最有效的措施来处理风险，并对实施效果进行监控评价改进的动态管理过程。企业风险管理正成为一种趋势和潮流。

保险是企业风险管理中最为常用的一种手段。所谓保险管理(Insurance Management)，是指企业在专业保险公司的协助下，通过购买保险或采用自保等手段来管控各项风险，并由专职风险与保险管理人员对企业的各项保险经济要素进行计划、组织、指挥、协调、监督和评价，从而确保企业以最小的经济成本去获得最大安全保障的管理活动。从事保险管理活动的管理人员主要包括企业组织中专职从事风险与保险相关工作的人员，他们既有来自企业高层的管理者，如风险或保险经理，也有从事日常风险勘查、保险规划、安全培训、保险理赔等具体事务的普通员工，同时他们的工作往往还需要得到一些专业从事风险管理和保险的顾问团队，如保险经纪和保险公司的协助。

二、保险管理的具体内容

从管理内容上看，保险管理是指围绕企业的各项保险经济要素，进行的计划、组织、指挥、协调、监督和评价等管理活动。保险管理的内容十分丰富，具体包括企业风险评估、保险需求分析、制定投保方案、选择保险公司、合同履行与索赔管理、制定保险管理制度、协调和监督日常管理措施的贯彻实施等。

(一) 企业风险评估

1. 企业风险

企业面临的风险是多种多样的。从保险的角度来看，风险是保险产生和存在的前提，无风险则无保险，而风险又无处不在。不同的风险具有不同的特性，为有效的管理风险，有必要对各种风险进行分类，采用保险手段来管控风险是企业最为常见的做法。风险大致可以分为以下三类：第一类是企业财产风险；第二类是法律责任风险；第三类是人力资本损失风险。

(1) 企业财产面临着实物形态的损毁、灭失或价值形态贬值的不确定性，我们称之为企业财产风险。企业的财产风险从损失形态上看可以分为动产风险和不动产风险、有形资产风险和无形资产风险、实物资产风险和金融资产风险。从损失原因上看可以分为危害性的纯粹风险和投机性的金融风险，危害性的纯粹风险主要指火灾风险、爆炸风险、地震风险、洪水风险、风暴风险、雷电风险、盗窃风险、交通事故等造成的财产损失不确定性；投机性的金融风险则主要在于企业金融资产由于市场价格、利率、汇率、市场流动性、信用状况等市场因子的不利变动造成的财产损失不确定性。

(2) 责任风险是指因自身或者监护人的疏忽或过失等产生侵权或违约行为，造成他人财产损毁、身体伤害或人身伤害，依法必须承担民事赔偿责任的风险。身体伤害责任，是指侵害人对受害人的身体所造成的物质机体伤害而需承担的赔偿责任。根据伤害程度的不同，可以分为一般伤害、残疾或者死亡三种类型。精神损害责任，是指受害人的名誉权、隐私权等人格权受到侵害时精神上遭受的痛苦所需承担的赔偿责任。精神损害是一种无形损害。由民事侵权行为引起的责任风险有很多类型，其中常见的企业责任风险有雇主—雇员责任、产品责任、合同责任、承建商的工程完工后责任等。

(3) 人力资本损失风险是指由于个人的死亡、疾病、年老退休或失业等原因而造成的损失的不确定性。常见的人力资本损失风险暴露可以分为三类：生命相关风险暴露；健康相关风险暴露；收入损失相关风险暴露。常见的企业人力资本风险主要为员工的死亡风险、伤残风险和健康风险。

2. 企业风险评估

企业风险评估包括风险识别、风险分析和风险评价三块内容。首先，企业需要识别自身风险，它是指企业在对外部宏观和内部微观风险环境分析基础上，运用专门的风险识别的技术，开展收集有关风险源、风险因素等方面信息，从而识别潜在风险的过程，识别风险的常用技术包括风险调查表、现场调查、损失数据分析等。其次，企业需要对识别的风险损失原因进行全面分析，风险分析是指企业根据不同的损失暴露形态，分析造成潜在损失的各项风险因素和风险事件。最后，企业需要对各项风险进行合理评价，确定风险等级和优先管理的顺序，具体包括对可能造成的损失频率和损失程度进行衡量，然后运用风险评估方法进行综合评价，确定风险等级，评估方法既有定性评价方法，也有定量评价方法，如风险坐标图技术、风险精算模型等。

图 5.1 是在企业风险评估中使用较为广泛的风险坐标图技术，它既可以用于风险的定性评价，也可以用于风险的定量评价。它的纵坐标刻画的是风险的发生概率级别，横坐标刻画的是损失严重程度的级别，在纵横构成的坐标平面上，根据发生概率和损失严重程度分为若干区域，不同颜色的区域代表不同的风险等级，其中越靠近坐标原点(左下角)的区域风险等级越低，越靠近右上角的区域风险等级越高。如果企业的一个风险事项发生概率为 4 级，损失程度为严重，其对应于图中的 A1 深色区，表明这是一项风险等级较高的风险事项，企业应该予以更多重视，在风险管理策略中应予以优先考虑其策略安排。

发生概率		无伤 0	轻微 I	临界的 II	严重的 III	致命的 IV
5	频繁发生	C	B3	A1	A2	A3
4	有时发生	C	B2	B3	A1	A2
3	偶尔发生	C	B1	B2	B3	A1
2	很少发生	C	C	B1	B2	B3
1	非常少发生	C	C	C	B1	B2
0	极少发生	C	C	C	C	C

A领域　B领域　C领域

图 5.1　风险坐标图

(二) 保险需求分析

在企业风险评估的基础上，企业需要掌握各项风险是否已经采取了合理和必要的处理措施，这些措施和手段非常丰富，企业常见的风险管理手段包括两大类：第一类称为风险控制技术，是指通过减少风险发生的损失频率，或降低风险发生损失幅度，从而达到控制风险的技术，它主要包括风险规避、损失控制、风险分散或风险汇聚、控制型风险转移等手段；第二类称为风险融资技术，是指能够为风险损失提供资金补偿的技术手段，它主要包括保险转移、财务型非保险转移和风险自留。对存在保障缺口的风险事项，企业可以考虑通过购买商业保险来加以补充。企业通过保险手段实现风险的转移，并在损失形成时，可以及时从保险公司获得相应资金补偿，避免或降低风险损失对企业正常运营的不利冲击。

专业的保险经纪公司和保险公司往往有一套较为成熟的企业客户保险需求调查表，它可以协助企业快速完成自身的风险识别和各项保险需求分析，为下一步的投保提供最为直接的依据。表 5-1 是一份企业中用于风险调查与保险需求分析的调查表，它可以帮助企业识别自身面临的风险，进行风险和保险需求分析。企业的风险和保险管理人员在专业的保险人员协助下，通过填写和分析这样的表格，便可以较为准确地评估自身的风险，以及确定所需投保的各类保险。

表 5-1 企业风险与保险需求调查表

企业名称：	联系人：
地址：	电　话：

我们此次的调查目的：

为了能让您更有效地避免、减少或排除甚至消除您可能面对的风险，我们为您准备的调查表可能可以协助您来加强您现有保单的保障，同时让我们对您有更清楚的了解，以便我们可以：

(1) 指出并分析某个事件可能带来的损失，及时给予您一个提醒。

(2) 对您可能会面对的不同风险提出一些建议及报告

固定资产								
固定资产种类	可能面临的风险	您的看法			保障风险的计划	您的行动		
		重要	不重要	其他	您的风险保障计划	要评估	已有	自保
厂房、仓库、办公室	自然灾害				财产综合保险			
	意外事故				财产一切保险			
	恶意行为引起的							
电子、机械设备	自然灾害				机械设备损失险			
	意外事故							
	恶意行为引起的							
	员工操作不当							
机动车辆	第三者责任				机动车辆保险(除了规定的交强险)			
	玻璃破碎险							
	车上人员险							
	全车盗窃险							
产品/货物/机械	在装卸及运输过程中				货物运输一切险			
					货物运输综合险			
流动资产								
流动资产种类	可能面临的风险	您的看法			保障风险的计划	您的行动		
		重要	不重要	其他	您的风险保障计划	要评估	已有	自保
现金	在营业场所中				现金保险			
	在运输途中				货物运输综合险			
法律责任								
潜在的风险	责任损失种类	您的看法			保障风险的计划	您的行动		
		重要	不重要	其他	您的风险保障计划	要评估	已有	自保
工作时间外的人身伤害	对雇员的责任				雇主责任险			
对外来人员的伤害	对第三者的责任				公众责任险			
因疏忽引起的责任	专业人员的责任				专业人士责任险			

续表

潜在的风险	责任损失种类	您的看法			保障风险的计划	您的行动		
		重要	不重要	其他	您的风险保障计划	要评估	已有	自保
给与第三者造成的伤害	对产品应承担的责任				产品责任险			
工作时间的工伤事宜	国家法律规定				工伤保险/外来人员工伤保险			
运营面临的风险								
风险种类	可能造成的损失	您的看法			保障风险的计划	您的行动		
		重要	不重要	其他	您的风险保障计划	要评估	已有	自保
营业中断	因财产损失				营业中断险			
	因机械损失							
利润损失	因财产损失				利润损失险			
	因疾病引起							
	因雇员的失信				雇员忠诚			
保障您的最珍贵资产计划								
您的计划	可能执行的方法	您的看法			保障风险的计划	您的行动		
		有兴趣	没兴趣	其他	您的风险保障计划	要评估	无须评估	自保
1. 合理避税 2. 提供福利 3. 保留人才	医疗福利							
	养老福利							
	住房公积金							
	人身意外伤害							
企业延续计划	保障您的关键人物							
	保障您的合伙股权利益							

(三) 制定投保方案

“人无远虑，必有近忧”，对于企业风险，更需要未雨绸缪。保险在企业风险管理中占有重要地位，企业根据自身的合理需求制定一套科学的投保方案，不仅为自身解决了近忧与远虑，同时也体现了一家企业以高超的管理艺术节约了风险成本，无疑为自己上了“保护罩”。在决定是否投保之后，接下来应该考虑如何投保的问题。投保可以有多种方式：可以投保部分险种，也可以投保所有相关险种；可以投保部分标的，也可以投保所有标的；可以投保部分损失，也可以投保所有损失。企业应当根据自己的需求和保险市场的行情确定适宜的投保方案。具体包括以下内容：

1. 确定投保险种

企业首先需要根据自身面临的可保风险，选择相应的保险险种。目前企业商业保险的种类十分繁多，大致包括财产保险和人身保险两大类。广义的财产保险通常是指除有形财产还有与有形财产相关的利益、责任、信用等无形财产，可以分为财产损失保险、责任保险、信用保证保险、健康保险和人身意外伤害保险等。财产保险产品的定价是以损失概率为依据的，同时保险产品定价与保险公司投资收益水平、责任准备金提取、资产负债管理、偿付能力计算、再保险安排等都紧密相关。目前，我国除了车险费率已经市场化外，其他产品费率仍由保监会统一制定。事实证明，车险费率放开后，市场经历了起初一段时间的低价竞争后，现在已经步入理性。狭义的财产保险则指各类物质财产(有形财产)作为保险标的，其保险标的是各种有形的财产物资，包括火灾保险、运输工具保险、运输货物保险和工程保险等。企业人身保险是以人的寿命和身体为保险标的的一种保险。当人们遭受不幸事故或因疾病、年老以致丧失工作能力、伤残、死亡或年老退休时，根据保险合同条款的规定，保险公司对被保险人或受益人给付预定的保险金或年金，以解决病、残、老、死所造成的经济困难，是对社会保障不足的一种补充。选择何种保险投保的依据是企业自身面临的风险以及保险需求。

2. 确定保险标的

同一险种涉及许多标的，如企业财产保险，就涉及固定资产、流动资产和账外资产，每一类资产又包含许多项目。企业可投保所有标的，也可以投保部分标的。投保所有标的即企业将全部财产投保，这样做的好处是每一个风险标的都能获得保障，防止遗漏，而且手续简便。投保部分标的是为了节省保费，企业也可以选择部分风险较大的标的投保，而自留风险较小的标的，它的缺点是保障不全面。保险公司对选择投保按较高的费率收取保费，因此不一定节省保费。

3. 确定保险金额

对于已经确定的投保标的，还需要确定投保金额。目前主要有两大类：第一类是足额保险或不足额保险：足额保险就是以保险标的的实际价值投保。我国的企业财产保险一般采取以资产负债表上的财产账面价值来确定保险金额，企业按照原值加成投保，视为足额投保；不足额保险指保险金额低于保险标的的实际价值，缺额部分为企业自留风险，发生损失后企业只能得到部分赔付。第二类是定值保险和不定值保险：定值保险在投保时和保险公司合同上约定保险价值确定保险金额，在保险有效期内发生保险事故，不论当时保险标的的实际价值如何，都按照合同约定的保险金额计算赔款；不定额保险是指在保险合同上不约定保险标的的实际价值，只列明保险金额作为最高赔偿额度，保险公司以企业实际损失价值计算赔款。

4. 确定保险和自留的组合方式

由于种种原因，实践中既投保又自留部分风险是较为常见的做法。选择投保和不足额投保就属于保险和自留的组合方式。除此之外，保险和自留还有一些特殊的组合方式。例如，带自负额的保险，保险公司和投保人事先商定一个赔款限度，在这个限度之内的损失由企业自留，超过的向保险公司投保。还有一种限额责任保险，在一些大型企业中，由于其风险单位数量足够多，损失频率和损失程度能够比较准确地预测，所以可以自保一定数额，其余部分向保险公司投保。

补充阅读 5-1

保险自负额

保险自负额是风险承担(自负额部分)与风险转嫁(保险部分)的组合。承担与转嫁的混合形态，一般有三种类型：第一种类型是为保险不足法(Inadequate Insurance)，即不足额保险契约(Under Insurance Contract)。损失发生时，财产实际现金价值高于投保金额。因此，公司蒙受的损失，部分由保险公司负责，部分公司自负。所以，它是承担与保险的混合。第二种类型是自负额保险法(Deductible Insurance)。损失先由公司承担一部分，至于可承担多少，则依据自负额种类而异。其余损失，始由保险公司负责。第三种类型是超额保险法(Excess Insurance)。此法可视为自我保险与巨额保险的组合。公司以自我保险承担风险，为避免巨额损失发生，购买巨额保险保障高额度部分。损失底层由自我保险负责，高层额度由保险公司负责。

自负额种类极多。风险管理中最常用的有四种自负额：第一种是固定式自负额(Straight Deductible)。此种自负额以每次损失为基础。举例来说，假设实际损失为 2 000 元，自负额为 500 元，则公司承担 500 元，其余 1 500 元由保险公司负责。第二种是起赔式自负额(Franchise Deductible)。起赔式自负额以损失占标的物实际值的百分比表示。起赔即损失低于自负的百分比，一律不予赔偿；反之，如超过自负的百分比，则如数赔偿。举例来说，假设货物价值 3 000 元，保险自负额为 3%，则起赔点为 90 元(3 000 元×3%=90 元)，损失低于 90 元不赔，高于 90 元全赔。第三种是消失式自负额(Disappearing Deductible)。此种自负额是固定式自负额和起赔式自负额混合的变种。自负额会随损失金额的增加而消失，故称消失式自负额。举例来说，契约约定消失点金额为 10 000 元，每次损失自负额为 1 000 元。损失转换因子=消失点金额/(消失点金额-每次损失自负额)，亦即 10 000 ÷ (10 000-1 000)=1.11。如果损失超过消失点，则保险公司如数予以赔偿，其赔偿公式为：赔款=(损失金额-每次损失自负额)×损失转换因子。所以损失 900 元，不赔；损失 8 000 元，赔 7 770 元，即(8 000-1000)×1.11=7 770；损失 12 000 元，全赔。第四种是累计式自负额(Aggregate or Stop Loss Deductible)。这种自负额，是在一特定期间内，每次损失金额均由累计自负额中扣除，当累积自负额用尽时，始由保险公司赔偿的一种自负额。如一次损失金额就超过累积自负额，除余额由保险公司赔偿以外，往后损失亦由保险公司负责。

(资料来源：宋明哲. 现代风险管理[M]. 北京，中国纺织出版社，2003：185.)

(四) 选择保险公司

据《中国保险年鉴》提供的统计数据显示，截至 2015 年 3 月底，全国共有保险集团公司 10 家，保险公司 150 家。其中，人身保险公司 82 家，财产保险公司 68 家，再保险公司 9 家。众多的保险公司一方面给企业较大的选择空间去选择由哪家保险公司进行投保；另一方面也为选择最优质保险公司增加了难度。

选择保险公司的标准是多方面的，其中偿付能力、费率和服务水平是重要的参考依据。

(1) 偿付能力。偿付能力是指保险公司应付赔款和给付的能力。保险企业的保费收入等于赔款，管理费用和适当利润的总和。保险公司必须维护并增强其偿付能力，衡量保险企业的偿付能力如何，首先要看其偿付准备金多少。

(2) 保险费率。保险费率是购买保险的价格。除了以千分率表现出来的直接保险费率以外，无赔款安全返还费、防灾费、手续费等，实际上构成保险费率的隐蔽部分。在其他条件相同的情况下，当然将保险费率作为重要的参考依据。

(3) 服务水平。保险服务包括分摊损失、风险咨询、防灾减损、理赔和追偿等，企业在选择保险公司时，必须考虑哪家公司提供的保险服务更全面和周到。

(五) 保险合同的履行和索赔管理

企业参加了保险，并不意味着企业将保护财产和职工生命的责任全部交给了保险公司。实际上企业在购买保险之后同时也有履行保险合同的义务，具体包括如期缴纳保险费、安全防灾、危险变更通知、出险施救等。因此在日常的经营中需要有专职的保险管理人员从事相应的管理工作，最大程度地发挥保险的作用。

当发生保险事故时，企业需要及时向保险公司提请索赔，在出险现场，应当积极施救，保护现场并及时通知保险公司。出险之后，应尽快填写“保险出险通知单”，准备相应的材料，如保险单、损失证明、损失清单、施救费用清单等，然后及时送保险公司，保证在合同时效范围内索赔。如果发生理赔纠纷，应本着实事求是的态度，先进行双方协商，如协商不成则可向合同管理机关申请调解或仲裁。

(六) 其他管理

除了上述内容之外，企业保险管理的内容还包括制定企业保险管理的政策制度，贯彻和实施保险管理制度，对企业员工的安全教育和培训，以及日常保险管理工作进行监督、考核和评价等。

三、保险管理与企业其他管理的关系

企业风险涉及企业的方方面面。要成功地运用保险手段处理企业风险，就必须对企业保险工作进行明确的分工和有效的协调。企业保险管理不仅仅是简单的购买保险，保险管理的成功要靠企业各部门共同参与。在介绍保险管理与企业其他管理内容之前，首先有必要先了解企业保险管理在企业管理中的地位，以及企业保险管理与企业风险管理两者的关系。

(一) 保险管理在企业管理中的地位

在不同的公司中，由什么部门负责风险及保险管理，以及风险和保险管理人员的职责，可能是不同的，这取决于高层管理者对风险和保险的认识及需求。可以用图 5.2 来描述风险和保险管理部门在企业组织中的地位，在图 5.2 的组织结构图中，企业的保险与风险管理人员受风险管理委员会领导。风险管理委员会由董事组成，受股东大会监督，其工作包括：①确保公司有完善的内部控制、规范的业务程序和适当的经营政策，使各种业务都受到有效的控制，并定期对内控情况和风险管理基础设施状况进行评估；②清楚反映公司所面临的风险；③承担风险损失提供所需的风险资本。[①]

风险管理部通常设有战略组和监控组，战略组的职责是制定公司的风险管理政策、风险管理制度、风险度量方法和标准等，及时修订有关办法或调整风险管理策略，并且指导业务人员的日常风险管理工作。监控组的职能是贯彻风险管理战略。

具体如图 5.2 所示。

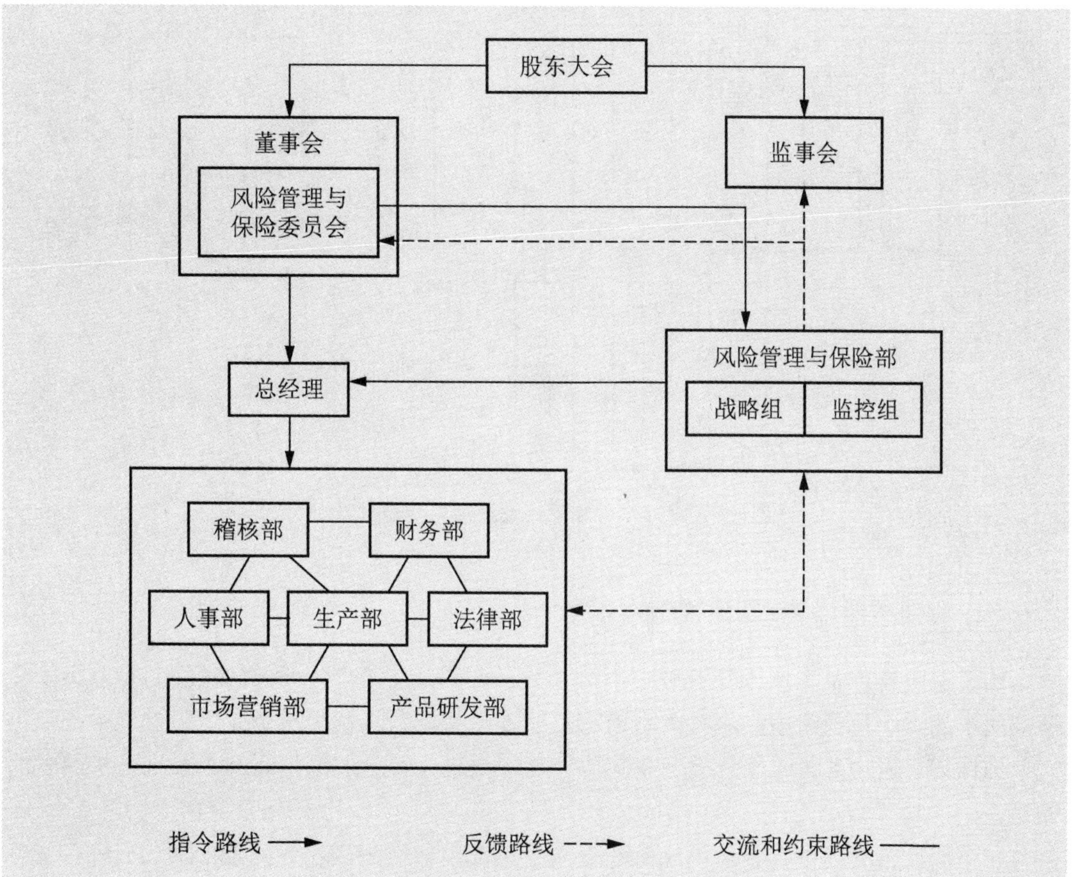

图 5.2 风险管理与保险部门在企业组织中的地位

(二) 保险管理与企业风险管理的关系

从管理范围和内容来看，企业保险管理仅仅是企业风险管理的其中一个重要的方面和环节。企业风险管理的组织结构中不仅包括保险管理，同时还包括安全管理、危机管理等方面工作。在图 5.3 中，可以看到一个企业完整的风险管理内部组织，保险管理部门是其中重要且必不可少的一部分。

---

① 刘新立. 风险管理[M]. 北京：北京大学出版社，2006。

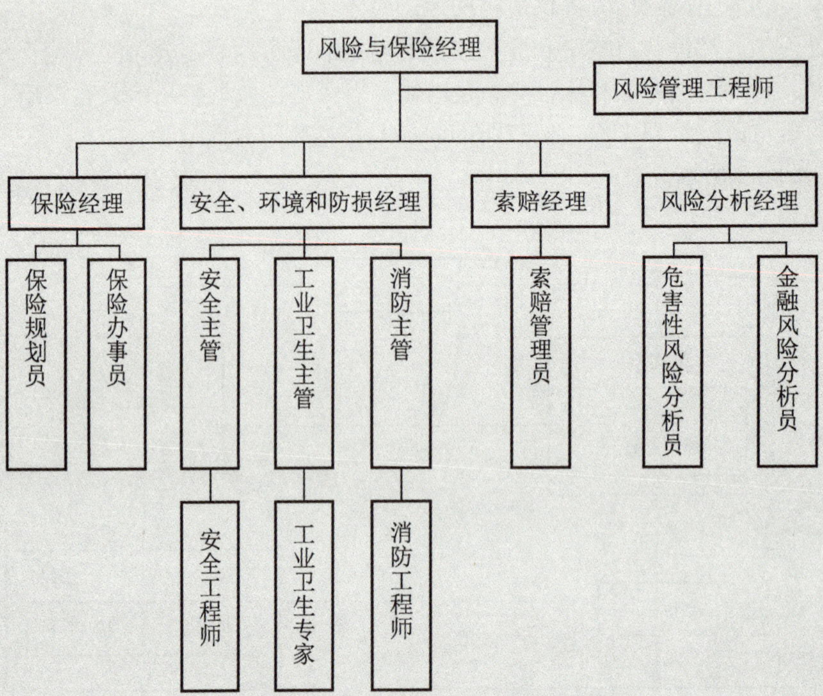

图 5.3　风险与保险管理部门的内部组织架构①

(三) 保险管理与企业其他管理的关系

由于保险管理是企业风险管理必不可少的一部分，且保险管理部门往往是企业风险管理部门中的一个重要组成，两者关系紧密，很难单独将保险管理从企业风险管理中割裂出来单独探讨，因此下面通过介绍企业其他管理部门与风险管理部门间的关系来分析两者的关系。

在企业经营管理中，企业的风险与保险管理部门往往需要和下面部门通力合作②。

(1) 财会管理部门。财务部门是企业进行资金管理的部门，它筹集、投放、分配资金，使资金发挥最大潜能，为企业创造最大的利润。风险管理和保险决策的实施需要资金的支持。因此，风险管理和保险部门进行决策时应有财务部门的参与和配合，双方共同分析损失暴露单位实际情况，比较成本效益，确定合适的风险处理方法，并共同将之贯彻实施。会计部门掌握许多的会计信息，可以为风险管理和保险部门提供风险分析的资料，帮助风险与保险经理作出正确的决策。会计部门还可以通过在企业各部门之间分配风险管理成本，帮助风险与保险经理监督风险管理计划的执行情况。

(2) 人事管理部门。通常，人事部门与风险管理和保险部门共同设计、安排和管理雇员福利计划。人事部门通常与工会就福利事项进行协商，规定资格条件和福利范围，并管

① 刘新立. 风险管理[M]. 北京：北京大学出版社，2006。

② 李晓林，何文炯. 风险管理[M]. 北京：中国财政经济出版社，2001。

理日常活动。风险管理和保险部门则发挥其专业特长，选择保险公司，并与保险公司磋商、管理自留计划的财务问题。除此之外，人事部门还可以帮助风险管理部门分析处理企业某些风险。大多数管理完善的企业人事部门对企业各种工作、职位有着系统描述，对雇员情况也有详尽的记录分析。风险部门可借助这些资料掌握企业重要职位和重点雇员，即易引起风险损失的职位和易发生风险损失的雇员，并与人事部门共同实施培训，重新调配，使企业人事安排更合理，从而达到控制风险的目的。

(3) 生产管理部门。生产部门在制造产品或提供劳务时，常会使生产或劳务工人蒙受与工作相关的伤害，如在生产过程中生产设备对身体的伤害，因中间产品对生产环境造成的污染等。风险管理部门应帮助生产人员识别风险，指导他们如何防止、避免风险或为他们购买保险。另外，生产部门也会因为产品设计时考虑不周全，有一些禁忌未被发现，使消费者蒙受伤害而提出索赔，有的产品制造时把关不严，造成次品面市，使企业蒙受损失。这也同样要求风险管理与保险部门与生产部门共同协作，管控风险。

(4) 购销管理部门。购销部门常会使企业面临风险损失。风险管理部门在进行损失控制时，需要购销部门的合作，以便分析识别损失原因，从而使损失降至最小。在销售产品和提供劳务时，销售部门可能使用有缺陷的包装，从而导致责任索赔。为了提高销售量，销售部门常会夸大产品的优点用途，还会与客户签订一些不利于企业的协议。同样，采购部门也会产生一些风险。为了减少此类风险，购销部门在开展业务时应多加小心，不要片面追求销售额，须与风险管理和保险部门进行合作，控制好本部门的风险。

案例 5-1

兴业银行股份有限公司(以下称兴业银行)在全国设有 23 家分行共 250 多家营业机构。截至××年末，该行资产总额达 2 600 亿元，全年实现净利润 9.85 亿元。××年×月，中国银监会正式批准兴业银行增发股份 9.99 亿股，引进三家境外战略投资者。境外战略投资者将为兴业银行提升相关领域的业务水平提供技术支持。

××年×月，兴业银行确定××公司为兴业银行固定资产统保工作的保险经纪人，由××公司福州分公司具体实施。其后，针对兴业银行项目情况进行了统保调研、非现场调查，随后设计了保险方案并编制招标文件，组织安排了统保招标、评标等工作，最终协助兴业银行确定了承保公司，明确了承保公司的服务承诺及统保的总体要求。同年 7 月兴业银行总行与中标保险公司正式签订了总保额为 60 多亿元的保单，此保单保险标的涉及兴业银行在全国各地的 280 多个分支机构。

为做好兴业银行保险经纪服务工作，××公司组建兴业银行固定资产统一保险服务项目组，××公司上下为兴业银行提供服务工作的人数超过 50 多人，主要服务工作包括以下内容:

(1) 建立服务团队。除在××公司成立项目服务团队外，于兴业银行总行所在地设立了专门的服务人员。

(2) 统一服务标准。××公司制定了一系列的规章制度以及服务要求，包括《兴业银行保险经纪服务要求》《兴业银行固定资产保险索赔与拜访服务要求》。先后实行了兴业银行服务情况周报、月报、季报制度，以及月计划、总结和季度计划、总结制度。

(3) 提供风险勘查及日常风险通知服务。先后组织对兴业银行2家分行、若干下属分支机构进行风险勘查，并结合气象部门于台风、暴雨前电话通知预警地所在支行或下属机构。

(4) 提供专业索赔协助服务，发挥经纪人核心优势。截至2004年10月底，××公司在兴业银行统保后的三个月共为兴业银行在全国的分行和分支机构提供各种索赔服务9次，保险咨询30余次。固定资产保险已结赔案6起，赔款金额为18.52万元。

(5) 提供培训服务，并提供保险手册。向兴业银行各分行及下属机构保险管理人员制作并发送《保险手册》600本。

(6) 建立服务反馈机制。公司客服部信函回访、自查和调查了解等服务反馈机制，及时了解各地服务情况，不断提高服务水平。

兴业银行第一次采用经纪人协助完成统保工作，是一次成功的经验。通过聘请××公司作为保险经纪人，实现了风险细化，降低成本，保障全面等预期目标，有效地加强了内部保险管理，为促进全行业务工作的实施起到了有效的推动作用。

课堂活动 5-1

活动 1

调查保险市场特别是保险采购市场的基本状况。

请各位同学利用各种渠道，了解当地保险市场需求的情特别是保险采购市场需求，主要包括市场主体情况、市场占有份额等情况。

活动 2

每3～5个同学为一组，分组讨论以下内容：

(1) 保险管理在企业管理中的地位。

(2) 保险管理与企业风险管理的关系。

(3) 保险管理与企业其他管理的关系。

第二节　保险采购与保险管理的关系

一、保险管理的制度建设

(一) 保险管理政策

保险管理政策是指要明确企业从事保险管理的目的及策略、管理风险与保险相关要素的一般要件及管理哲学体系，以提升员工风险意识及对执行风险管理的共识。企业必须先根据经营目标，考虑自身可以承受风险的程度决定本身的风险管理目标，并根据管理目标确定相关的管控原则，分析自身的保险需求，制定相应的管理政策。

(二) 保险管理组织架构体系

有效进行风险与保险管理的前提是拥有一个职责清晰的管理组织架构体系。保险管理组织架构体系主要是明确企业风险与保险管理相关部门、方位及其相应职责。管理部门应对保险计划的实施情况进行监控，如出险情况、索赔情况和保险争议等，以核查保险计划是否符合实际情况、保险合同是否需要修改等。管理人员不能因为有了保险就可以忽视对保险采购的管理，保险只是转嫁风险的途径之一，不在保险范围之内的风险和损失，则由保险采用其他方式转嫁或自留。对于出险情况和索赔情况的统计，是保险监控的重要工作。

组织架构的构建中有三项工作最为关键：第一是董事会应组织成立风险管理委员会，由企业内部高级管理人员组成，或者委任首席风险官全权处理风险管理事务。第二是招聘或选任经验丰富的风险管理经理，成立风险与保险管理部门，制订并实施风险和保险管理计划及政策。第三是明确界定各个层级及部门的角色与职责。为避免组织架构的缺陷，风险与保险管理组织架构成立过程必须由高层亲自领导。

(三) 保险管理流程

管理的流程包括识别潜在的损失、评估潜在的损失、选择恰当的保险方式处理风险、对管理项目的实施和评价改进。首先，管理人员需要对多种信息进行综合分析来提前识别风险，这些风险包括财产风险、责任风险、经营收入风险、人力资源风险、员工福利风险、企业外部的风险等；同时，必须及时了解行业发展的趋势，以及那些会导致新的风险产生的变化。其次，损失的评估是当企业所面临的各类风险已被辨识和界定之后，通过评估手段对可能的损失结果进行定性或定量评价，量化企业风险大小，在评估时一般需要对损失频率和损失程度两个维度综合考量，运用风险矩阵图等评估手段确定风险等级和优先管理策略。最后，选择合适的技术来处理风险，这些技术大致可以分为风险控制技术和风险融资技术，控制技术包括风险规避、损失预防和损失抑制，融资技术包括购买保险、自保或其他非保险转移手段。

采用保险来处理特定损失，需要注意以下几个问题：第一是保险责任范围的选择；第二是保险公司的选择；第三是条款的协商；第四是通报关于保险责任范围的信息；第五是对计划的周期性检查。

(四) 配套制度建设

制定了相应的管理政策和执行流程之后，还需要有完备的配套制度才能发挥应有的作用。配套制度包括风险与保险管理的组织制度、信息收集与传递制度、分析制度、处理制度、奖惩制度等。组织制度是要保证企业各级领导重视、措施得力；信息传递制度是为保证信息的真实、准确和及时；分析制度是要撰写风险评估报告，找出风险发生的深层次原因；处理制度是如何有效处理和防范潜在的风险；奖惩制度是指对风险控制好的单位给予奖励，对控制不好的单位施行惩罚。

二、保险管理的组织架构

(一) 企业管理的组织架构

1. 企业管理及组织架构要素

企业组织架构是指企业内部的管理系统及其组成，是企业流程运转、部门设置及职能规划等最基本的结构依据。企业的组织架构包括以下四个要素：第一是职能结构，一项业务的成功运作需要多项职能共同发挥作用，因此在组织架构设计时首先应该确定企业经营到底需要哪几个职能，然后确定各职能间的比例与相互之间的关系；第二是层次结构，即各管理层次的构成，也就是组织在纵向上需要设置几个管理层级；第三是部门结构，即各管理部门的构成，也就是组织在横向需要设置多少部门；第四是职权结构，即各层次、各部门在权力和责任方面的分工及相互关系。

2. 企业组织架构的常见类型

常见的企业组织架构包括直线制、职能制、直线—职能制、事业部制、矩阵制等。

1) 直线制

直线制是一种最早也是最简单的组织形式。它的特点是企业各级行政单位从上到下实行垂直领导，下属部门只接受一个上级的指令，各级主管负责人对所属单位的一切问题负责。

2) 职能制

职能制组织架构，是各级行政单位除主管负责人外，还相应地设立一些职能机构。如在厂长下面设立职能机构和人员，协助厂长从事职能管理工作。这种架构要求行政主管把相应的管理职责和权力交给相关的职能机构，各职能机构就有权在自己业务范围内向下级行政单位发号施令。因此，下级行政负责人除了接受上级行政主管人指挥外，还必须接受上级各职能机构的领导。在这种类型的组织架构中，高层管理者处于组织结构的最顶层，中低层管理者逐步向下分布，公司按照各种管理职能划分为生产、财务、营销、人事和研发等若干职能部门。

3) 直线—职能制

直线—职能制，也叫生产区域制，或直线参谋制。它是在直线制和职能制的基础上，取长补短，吸取这两种形式的优点而建立起来的。目前，我们绝大多数企业都采用这种组织架构形式。这种组织架构形式是把企业管理机构和人员分为两类，一类是直线领导机构和人员，按命令统一原则对各级组织行使指挥权；另一类是职能机构和人员，按专业化原则，从事组织的各项职能管理工作。直线领导机构和人员在自己的职责范围内有一定的决定权和对所属下级的指挥权，并对自己部门的工作负全部责任。而职能机构和人员，则是直线指挥人员的参谋，不能对直接部门发号施令，只能进行业务指导。

4) 事业部制

事业部制最早由美国通用汽车公司总裁斯隆于 1924 年提出，故有“斯隆模型”之称，也叫“联邦分权化”，是一种高度(层)集权下的分权管理体制。它适用于规模庞大、品种繁多、技术复杂的大型企业，是国外较大的联合公司所采用的一种组织形式，近几年我国一些大型企业集团或公司也引进了这种组织架构形式。事业部制是分级管理、分级核算、自负盈亏的一种形式，即一个公司按地区或按产品类别分成若干个事业部，从产品的设计，原料采购，成本核算，产品制造，一直到产品销售，均由事业部及所属工厂负责，实行单独核算，独立经营，公司总部只保留人事决策，预算控制和监督大权，并通过利润等指标对事业部进行控制。也有的事业部只负责指挥和组织生产，不负责采购和销售，实行生产和供销分立，但这种事业部正在被产品事业部所取代。还有的事业部则按区域来划分。

5) 矩阵制

在组织结构上，把既有按职能划分的垂直领导系统，又有按产品(项目)划分的横向领导关系的架构，称为矩阵组织架构。矩阵制组织架构是为了改进直线职能制横向联系差，缺乏弹性的缺点而形成的一种组织形式。它的特点表现在围绕某项专门任务成立跨职能部门的专门机构上，例如，组成一个专门的产品(项目)小组去从事新产品开发工作，在研究、设计、试验、制造各个不同阶段，由有关部门派人参加，力图做到条块结合，以协调有关部门的活动，保证任务的完成。这种组织结构形式是固定的，人员却是变动的，需要谁，谁就来，任务完成后就可以离开。项目小组和负责人也是临时组织和委任的。任务完成后就解散，有关人员回原单位工作。因此，这种组织架构非常适用于横向协作和公关项目。

(二) 企业保险管理的常见组织架构

不同的企业有不同的组织架构，组织架构不同的企业，其风险与保险管理的组织架构也不同。常见的风险与保险管理组织架构有直线制组织架构、职能制组织架构、直线—职能制组织架构。

1. 直线制组织架构

直线制组织架构特点是垂直领导，由企业领导人全权负责，不设职能机构，只设协助人员。这种形式一般只能用于小型企业。

在小型企业中，一般可设置少数专职人员负责风险与保险管理，厂长或经理就是风险管理总负责人，全权处理企业各类风险与保险。这种情形下，风险与保险管理简单明了，责权分明，效率较高。但是管理效果在很大程度上依赖于领导者的知识、经验和才能，对领导者素质要求较高。而且，无法处理复杂的风险(图 5.4)。

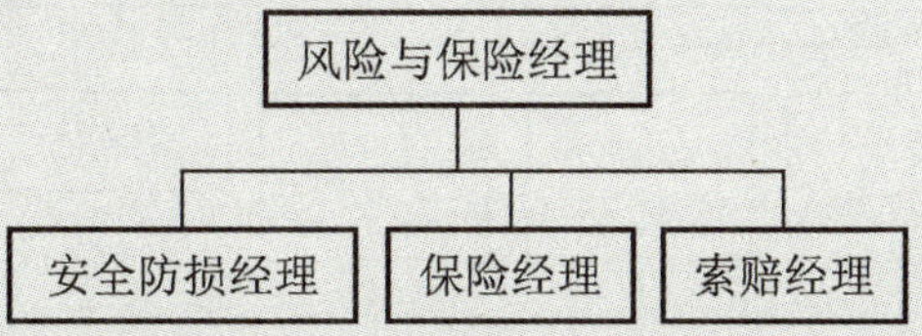

图 5.4　直线制保险管理组织架构

2. 职能制组织架构

职能制组织架构要求企业除主观领导人之外，同时还在企业内设置若干相应职能机构，部分管理职能下放到各职能机构和专职人员手中。这些职能机构和职能人员，在自己的业务范围内，有权向下级行政单位下达命令和指示。

在大中型企业中，由于内部组织和生产过程的复杂性，其所面临的风险就比小型企业更多一些。因而一般专门设有风险管理和保险部门，并配备有专职管理人员。风险管理和保险部门负责人拟订有关风险管理的计划，从事风险控制处理，在职权范围内，可向下级下达命令。只要是有关企业风险管理和保险之事，皆由风险管理和保险部门负责，统一指挥。在这种情况下，由于使用了专业人才，可使风险管理和保险水平提高。但缺点也很明显，在这种组织结构容易造成多头领导，有时会使下级无所适从，从而造成秩序紊乱(图 5.5)。

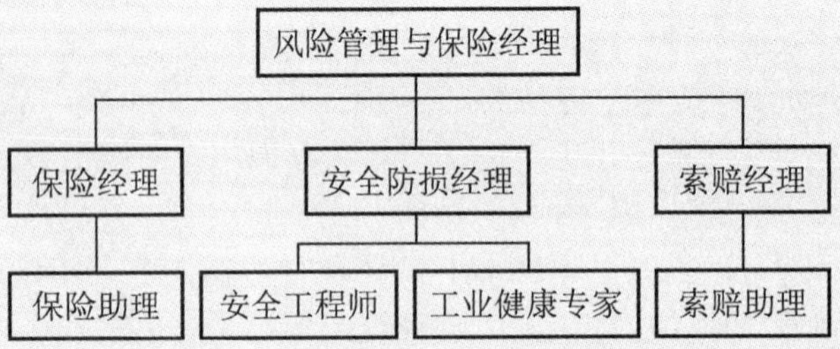

图 5.5　职能制风险与保险管理组织架构

3. 直线—职能制组织架构

在直线—职能制组织架构的企业中，风险管理与保险部门作为企业职能部门，主要协助企业高层领导，起着咨询服务作用。它对下级无命令权，只是进行指导和监督。在这种情况下，高层领导由于专业人员的帮助，可以较为正确地进行风险处理和保险。另外，由于相对集权，整个企业又可以在统一领导下，进行生产经营活动。因此，这是一种为各企业普遍接受的形式(图 5.6)。

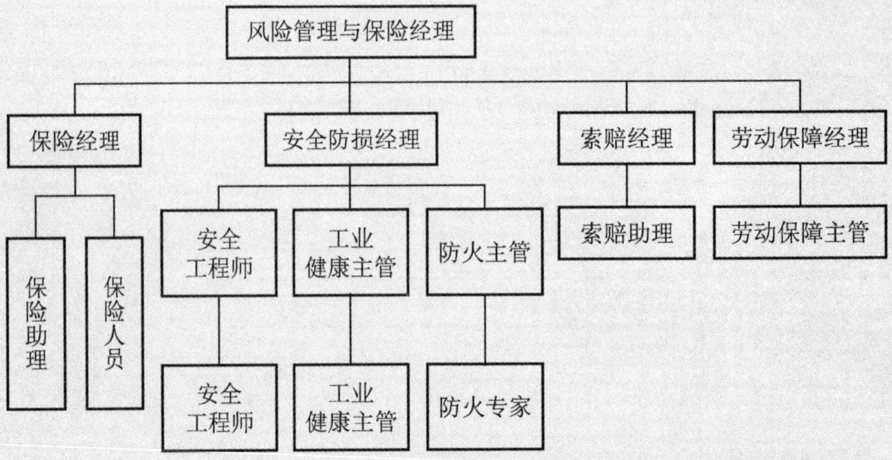

图 5.6　直线—职能制风险与保险管理组织架构

三、保险采购在保险管理中的作用

保险采购是企业保险管理的一项重要工作，是保险管理过程中的一个重要环节。保险管理过程包含企业风险评估、保险需求分析、制定投保方案、选择保险公司进行投保、履行保险合同和索赔管理、制定保险管理制度以及组织和监督保险管理活动等诸多环节，保险采购在帮助企业选择合适的保险公司，以最有利自身的方式进行投保这一过程中发挥着不可替代的作用。具体体现在以下方面。

(1) 保险采购是保险管理过程中至关重要的一个核心环节。保险采购方式包括保险招标(包括公开招标和邀请招标)、竞争性谈判、单一来源采购、询价。其中，公开招标应作为政府保险服务采购的主要采购方式。如果企业不能从众多保险公司中选择信誉良好、服务周到、价格合理、保障充分的保险公司进行投保，将直接影响企业风险与保险管理的效果。

(2) 保险采购往往需要在保险经纪人的协助下完成。通过市场询价或招标，企业可以购买到量身定制的保险产品和服务，有效地防范经营风险，控制项目成本，保证项目质量，既节省了采购的时间成本，又节省了采购的资金成本，从而提高了保险管理的效率。

实践证明，在保险市场竞争日益激烈的今天，真正能形成保险公司竞争优势和核心竞争力的，不再是那些有形资本、产品等物质资源，因为这些资源很容易从市场中得到。而管理、人才、技术、市场、品牌形象等无形资源，则起着非常重要的作用。这些资源不易流动，不易被复制，交易频率低，其他公司不容易从市场中得到，具有相对的垄断性，可以产生一定的垄断优势。而服务优势就是这样一种重要的市场资源，促使保险业由粗放型经营向专业化经营过渡，保险服务的理念也从以保单为中心向以客户为中心转变。保险公司靠服务取胜，但服务不能变成一种大众商品，否则，即使企业从事这种服务业务投入成本不高，但因各公司都提供此种服务，公司在市场中并不一定具有竞争优势。

保险经纪人是投保人或被保险人的保险采购行家。随着保险业的发展，市民对保险的需求逐渐细分，不仅有年龄阶段上的差别，还根据自己不同的生活习惯、家庭结构有不同的需求。各保险公司都致力研究社会公众的保险消费心理和习惯，从百姓实际需求出发，推出差异化的保险产品，不断研发新产品，这都表明保险市场已经步入良性竞争的轨道。对于客户而言，最适合的产品就是最好的产品，保险本身具有的保障功能是保险业发展的基础，也是新产品开发和保险组合产品的核心。但是，如果在保险产品的保障功能上附加一些额外的功能，不仅有利于在更大的范围内给投保人有效的保障，也有助于整个行业风险规避，从而可以进一步推动保险业的持续、快速、健康发展。保险经纪人在保险管理与保险采购的作用如下：

1. 直接保险采购服务

保险经纪人能为客户提供与保险采购(含续保)相关的风险识别、保险方案设计、市场询价或招标、投保安排(特殊项目可安排共保)，以及保险期内的咨询、培训、研讨、定期风险回顾等服务。其中比较重要的服务有：

1) 选择保险公司

在市场化条件下，如果保险中介人缺位，面对错综复杂、差异化强的各保险公司推出的“一条龙”服务，不但使其耗费大量的人力、物力、财力，还不一定能满足不同客户群体多样化的需求，而且保险业的社会声望也可能受到影响。因此，要解决上述问题，除了加强保险公司自身的经营管理和提高社会保险意识之外，必须充分发展保险中介机构的作用，以求在保险主体之间尽快达到总量平衡、各得其所，从而促进保险公司能够深化内部经营体制的改革，尽快摆脱力不从心的业务局面，进而降低保险经营成本，加快集约化经营的步伐，逐步提高参与国际竞争的实力。

2) 协助投保

保险经纪人在协助客户选择好保险公司后，可代理客户办理投保手续，缴纳保险费。这样不仅可以提高投保效率，而且可以节约客户的时间。

3) 保险期内服务

保险经纪人在客户保险期内，可以通过举办咨询、培训、研讨等活动来提高客户的风险管理水平；还可以和客户一起做定期风险回顾，发现问题及时纠正。这时候的保险经纪人就好像企业不在编的保险部。

2. 专业索赔协助服务

保险经纪人在客户出险后应尽快通知保险公司，以“24 小时服务、全年无休、一站式服务”为要求，做到任何外来客户电话一打就通，一通就能得到全面的回复，体现“一个品牌，一种服务”。当取得初步处理意见并立案记录，如有必要立即赶赴现场，协助客户减少损失，可向客户提出专业建议，协助客户准备相关索赔资料，协调事故责任认定和最终赔偿结果的达成，如有需要可代客户从保险公司处收取赔款，如遇重大赔案还可参与保险公司及公估人的谈判等。索赔结束后，如有追偿问题，可会同客户协助保险公司行使代位追偿权。

3. 再保险采购服务

保险经纪人在接受保险公司或再保险公司委托后，可以安排分保合同或提供临时分保服务。再保险采购可以在我国保险公司承保能力普遍不高的情况下，为一些高风险或特殊风险项目找到解决途径，确保客户利益得到保证。

4. 保险经纪增值服务

对有特殊需求的客户，保险经纪人可以提供风险转让、转包、出租、担保和项目融资，建立健全索赔机制，编制应急计划，建立设备及车辆管理系统，以及应用金融工程技术，利用资本市场转移风险等服务。

案例 5-2

上海大众是由中德双方共同投资，于××年签署合资协议，建立的中国汽车行业规模较大的合资公司。伴随中国汽车行业的发展，上海大众的投资规模和生产能力也逐年提高，进而对各种实物风险、操作风险、责任风险及经营风险管理和规避也显得越来越重要。由于过去的保险计划基本是按照保险公司格式化的保单进行投保，上海大众经营中的各种特殊风险没有得到很好的处理，为了改变这种局面，上海大众决定聘请专业的保险经纪人提供一整套保险及风险管理服务。在保险经纪人的竞标中，××公司凭借一流的专业技术和优质的服务胜出。现简要介绍如下。

1. 对以往保单的分析

为了帮助上海大众了解过去保险计划中存在的不足，××公司应上海大众要求对其原有的各项保险合同进行了细致的分析，客观地提出了数十项改进意见，使上海大众进一步认识到设计完善的风险管理计划和保险方案的重要性。

2. 专业的风险评估

上海大众作为知名企业，对于服务的品质和水平要求很高。××公司也本着为上海大众提供专业优质服务的一贯宗旨，在全公司范围内整合资源，公司领导、风险管理研究所的多名风险管理工程师及××公司驻沪机构的员工组成专门小组，会同上海大众的工作人员进行了细致的风险评估。评估涉及上海大众面临的自然灾害、意外事故、行为过失、法律责任、利润损失、货物运输等各个方面的风险，形成了专业的风险评估报告。报告中不仅对上述风险进行了分类，并且对其发生概率和损失后果也做了详细的说明。同时报告中还比较了对每一种风险可以选择规避方式及不同方式下对成本的影响。报告还包括了企业完整的风险管理计划和改进的建议。

3. 保险方案设计及投保安排

根据风险分析报告的结果，××公司为上海大众设计了一套完整的保险方案，保险计划涉及企业财产、机器设备、货物运输、利润损失、雇主责任等险种，最大限度地帮助上海大众规避了生产经营过程中存在的各种风险，并专门针对上海大众的特点和特殊要求，方案了若干扩展条款。由于涉及险种多、方案技术复杂，为顺利实施该保险方案并为上海大众获取最优惠的条件和价格，××公司受上海大众委托与保险公司进行了艰巨的谈判，最终保险公司不仅接受了该方案，而且保险成本也比往年有所下降。

课堂活动 5-2

活动 1

每 3～5 个同学为一组，分组讨论以下内容:

1. 保险采购与保险管理二者的关系。
2. 保险经纪人在保险管理与保险采购中的作用。

活动 2

每 3～5 个同学为一组，分组练习以下内容:

根据保险管理制度建设的相关内容解下列问题。

1. 保险管理组织架构体系。
2. 保险管理的流程。

本 章 小 结

保险管理是企业风险管理的重要内容，保险管理的内容十分丰富，具体包括企业风险评估、保险需求分析、制定投保方案、选择保险公司、合同履行与索赔管理、制定保险管理制度、协调和监督日常管理措施的贯彻实施等。保险管理的成功要靠企业各部门共同参与，企业保险管理部门需要得到企业风险管理、企业生产管理、财会管理、人事管理、购销管理等诸多部门的积极配合。

保险管理的制度建设和组织架构是成功实施企业保险管理的关键。常见的风险与保险管理组织架构有直线制组织架构、职能制组织架构、直线—职能制组织架构。保险采购既是企业保险管理的一项重要工作，又是保险管理过程中的一个重要环节。保险经纪人在保险管理与保险采购中发挥着至关重要的作用。

知识与技能训练

案例分析

西安某国有企业有诸多设备和原材料的进口业务，涉及上亿资产。现在要把设备和原材料从西安运到天津，公司决定采购财产一切险、货运险和机损险。于是，公司采购部先委托货运代理公司寻觅车队运输，同时询问了当地的几家保险公司。

采购部的职员王某在过去几年的进口业务中结识了天津某保险公司的董事长李某，但是李某的公司最近财务运营不佳，一旦出险则无法承担巨额的保险赔付。在接到公司欲采购保险的任务后，因为时间紧张，王某想到了李某，于是没有从现有在保险供应商里选择保险公司，也没有请天津地区的关系企业推荐保险公司，单凭感觉就信赖地选择了李某的公司，并在向公司汇报时提高了保险的成本报价。李某承诺王某在事成之后给她15%的手续费。

本以为保险采购能够顺利进行下去，这时公司采购部总经理张某介入，并向李某压低了报价，李某当天晚上与王某沟通了此事，答应给他们总保费48%的返利。第二天早上保险采购合同就正式签署了。

结果在设备和进口原材料的运输过程中，发生了事故，造成直接经济损失5000万元，间接经济损失3000万元。李某面对巨额赔偿卷款而逃，后被通缉并抓获。

问题：(1) 在这次保险采购中存在哪些违规表现行为？

(2) 对这个案件的发生有什么建议？请阐述正确的采购方法是什么？

(3) 试对这家企业的管理问题进行分析。

实训

某知名公司当前的组织架构体系如图5.7所示。在现有的组织体系中，公司并未设置风险与保险管理组织部门，由于现该公司高层希望在现有组织结构体系下，组建一支专业从事公司日常风险与保险管理的队伍，请帮助该公司设置风险与保险管理组织架构。

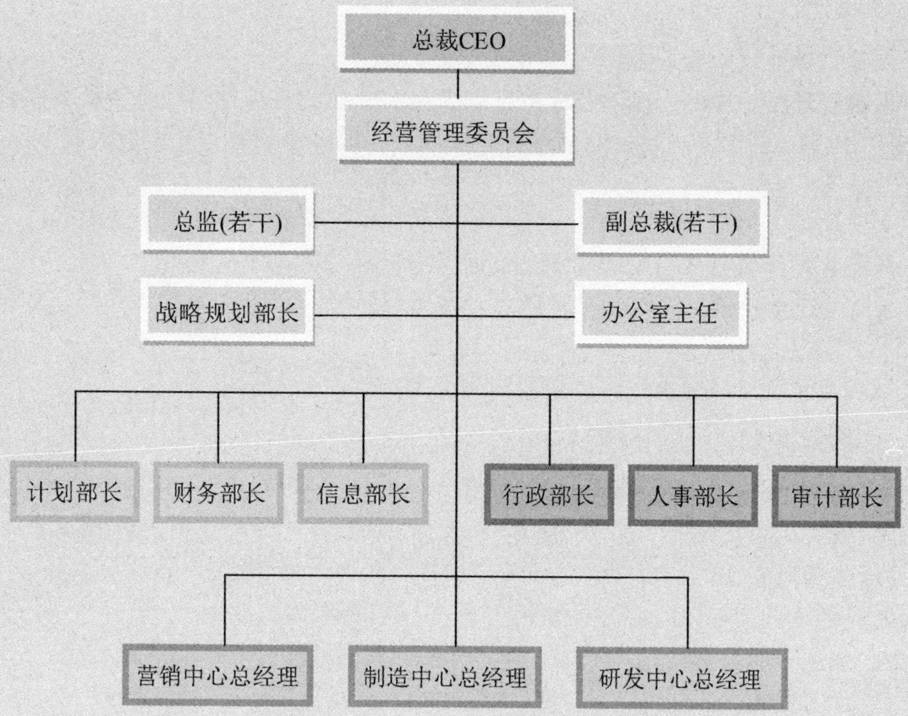

图 5.7　公司当前的组织架构

复习思考题

一、单项选择题

1. 企业常见的风险管理手段包括风险控制技术和(　　)两大类。

A. 风险规避　　B. 损失控制

C. 风险分散或风险汇聚　　D. 风险融资技术

2. 选择保险公司的标准是多方面的，其中偿付能力、(　　)和服务水平是重要的参考依据。

A. 保险费率　　B. 保险金额损失率

C. 赔付率　　D. 生命表

3. 企业风险管理的组织结构中包括安全管理、危机管理和(　　)等方面的工作。

A. 风险评价　　B. 保险管理

C. 风险估测　　D. 风险控制

4. 各级行政单位除主管负责人外，还相应地设立一些职能机构，这是指(　　)组织架构。

A. 直线制　　B. 职能制　　C. 直线—职能制

D. 事业部制　　E. 矩阵制

二、判断题

1. 保险是企业风险管理中最为常用的一种手段。 ( )
2. 保险管理是指由专职风险与保险管理人员对企业的各项保险经济要素进行计划、组织、指挥、协调、监督和评价，从而确保企业以最小的经济成本去获得最大安全保障的管理活动。 ( )
3. 企业风险评估包括风险识别、风险分析和风险评价和风险估测四项内容。 ( )
4. 风险管理部设有战略组的职责是贯彻风险管理战略。 ( )
5. 监控组的职能是制定公司的风险管理政策、风险管理制度、风险度量方法和标准等。 ( )
6. 保险自负额是风险承担与风险转嫁的组合。 ( )

三、多项选择题

1. 企业采用保险手段来管控风险大致可以分为(　　)。
   A. 财产风险　　B. 法律责任风险　　C. 人力资本风险
   D. 信用风险　　E. 保证风险
2. 常见的企业责任风险有(　　)等。
   A. 雇主—雇员责任　　B. 产品责任
   C. 合同责任　　D. 承建商的工程完工后责任
   E. 身体伤害责任
3. 常见的企业人力资本风险主要为(　　)。
   A. 员工的死亡风险　　B. 伤残风险　　C. 健康风险
   D. 生命风险　　E. 健康风险　　F. 收入损失风险
4. 企业风险融资技术主要包括(　　)。
   A. 控制型风险管理技术　　B. 保险转移
   C. 财务型非保险转移　　D. 风险自留
5. 企业应根据自己的需求和保险市场的行情确定适宜的投保方案，具体包括(　　)。
   A. 确定投保险种　　B. 确定保险标的
   C. 确定保险金额　　D. 确定保险和自留的组合方式
   E. 保险合同的履行和索赔管理
6. 常见的企业组织架构包括(　　)等。
   A. 直线制　　B. 职能制　　C. 直线—职能制
   D. 事业部制　　E. 矩阵制

四、简述题

1. 保险管理的管理内容有哪些？
2. 简述保险管理与企业其他管理的关系。
3. 简述保险采购与保险管理的关系。
4. 简述保险经纪在保险采购与管理中的作用。
5. 谈谈你对现阶段保险采购管理制度的看法。

第六章　保险经纪与保险采购

课前导读

保险采购是企业转嫁风险过程的一项重要工作。任何风险的发生都有其内在根源和诱因，企业在不了解保险采购工作流程和采购所需专业知识的情况下，实施保险采购维护自身的合法权益有一定的难度和风险。因为保险采购涉及多项法律法规，如果没有清楚了解，在保险采购操作过程中易发生违法违规行为。通过学习本章，了解保险经纪公司如何在协助企业实施保险采购时发挥作用，以及保险经纪公司实施保险采购各项工作的操作规范。

知识学习目标

通过学习本章，了解保险经纪人在保险采购中的重要作用和专业价值。

1. 掌握采购各方间的桥梁作用。
2. 了解如何量体裁衣地实施保险采购。
3. 认识规模资源共享。
4. 熟悉保险经纪人实施保险采购工作的具体要求。

能力培养目标

通过对保险经纪人专业价值和作用的了解，明确保险经纪人在保险采购中应当实施的各项工作。

教学重点

1. 保险经纪人在保险采购中的作用。
2. 保险经纪人实施保险采购的操作规范。

教学难点

1. 保险经纪人在保险采购中的角色把握。
2. 保险经纪人合法合规实施采购。

引导案例

××年，无锡市财政局首次在江苏省市级政府采购中采用保险经纪人为公务用车保险提供保险经纪服务。

保险经纪人为采购人和保险公司架起了一座桥梁。保险经纪公司通过与采购人签订委托合同，为采购人的投保、理赔提供专业、贴身、优质的服务，比如如何组合险种，其职责是维护采购人权益，让采购资金发挥更好的效益。除了采购人获得优质服务外，本来互不往来的 5 家定点保险公司也通过保险经纪公司联系起来了。最后，政府保险采购通过引入保险经纪公司实现了共赢局面。

第一节　保险经纪人在保险采购中的作用

一、采购各方间的桥梁作用

随着中国经济的迅速发展，城乡居民的物质文化水平不断提升，保险越来越受到广大居民的青睐与信任。保险经纪人是和保险公司及再保险公司都具有密切合作关系的机构。保险经纪公司应该承担社会责任，在客户和保险公司之间架起一座桥梁，更好地服务于社会经济建设。

(一) 对投保人、被保险人的作用

“保险经纪人是基于投保人的利益，为投保人与保险人订立保险合同提供中介服务，并依法收取佣金的机构。”《中华人民共和国保险法》第一百一十八条明确了保险经纪人是基于投保人的利益、服务于投保人的性质。

在国外，保险经纪人有上百年的历史，在人们生活中起着不可估量的作用。保险经纪人在中国起步较晚，发展也较为缓慢。保险经纪人站在投保人和被保险人的利益角度上，为投保人选择保险产品和推荐最佳的保险公司，同时也对保险公司的服务起到监督作用。保险经纪人的出现，既维护了客户的利益，确保了后续的跟踪服务，也给客户和保险公司都带来了益处，使双方的利益得到了保障。

(二) 对保险人的作用

虽然保险经纪人是投保人的利益代表，但是通过保险经纪人的服务也为保险人带来了更多的业务，保险经纪人为保险人提供全面的风险管理服务。

1. 扩大保险需求，增加保费收入

保险经纪人在帮助投保人选择保险公司、保险产品时，也为保险市场解决了很多保险销售的障碍，使得保险销售更加顺畅，同时还可以通过其专业、周到的服务，改变保险公司因服务不周等给投保人、被保险人造成的负面影响，提高保险行业的整体形象，增进全社会对保险的信心，鼓励更多的人投保，促进保险人增加保费收入。

2. 降低保险销售成本，提高保险销售效率，转变经营机制

保险经纪人不占用保险公司的人员编制、办公用房，费用也只是在提供保险业务时按保费一定比例从扣除的佣金中支出，故在保险销售方面更节约成本、更有优势，有利于提高企业效益。

3. 促进产品创新

随着人们保险意识和生活水平的提高，保险需求越来越多样化，通过保险经纪人可以把投保人的需求信息传递给保险人，促使保险人完善现有条款，或者开发出更多新产品满足市场需求。我国保险经纪公司将成为中国保险销售市场上的一支主力大军，在投保人与保险人之间架起一座桥梁，起到保险中介纽带作用。

4. 保险采购行家

保险经纪人凭借专业技术优势和市场信息优势，为客户量身定做保险方案，运用科学的、国际通行的保险采购方式，促进各种保险公司间形成公平、公正、公开的竞争合作模式，以确保客户得到最完善的保险保障和最合理的保费价格。

二、量体裁衣实施保险采购

(一) 保险采购服务分类

保险经纪人为客户提供的保险采购服务可以分为两类。

1. 直接的保险采购服务

保险经纪人能为投保人/被保险人提供与保险采购(含续保)相关的风险识别、保险方案设计、市场询价或招标、投保安排(特殊项目可安排共保)，以及保险期内的咨询、培训，或提供临时分保、定期风险回顾等服务。如面对诸多家保险公司、诸多种险种时如何选择保险人，协助投保，以及在保险期内提供服务等。

2. 再保险采购服务

保险经纪人在接受保险公司或再保险公司委托后，可以协助安排分保合同。在保险公司的承保能力普遍不高的情况下，再保险采购服务可以为一些高保额、高风险项目或特殊风险项目找到解决途径，确保客户的利益得到保证。

(二) 经纪人实施保险采购的工作要点

保险经纪公司站在客户的立场上，维护客户的合法利益，在保险售前、售中、售后为

客户当好保险顾问，并为客户选择优秀的保险公司。保险经纪公司在保险采购活动中要做好及时的专业提示，具体而言，要抓好“三关”。

1. 把好服务关

经纪公司要做好专业化服务，把保险产品的优势与缺陷、各类保险采购方式的优势与缺陷、保险公司的资质和偿付能力等清晰、完整、准确地介绍给客户，让客户购买保险产品时，明确知道什么样的产品、什么样的采购方式是适合自己的，做到“明明白白买保险，清清楚楚保什么”。

2. 把好调研关

帮助客户购买保险之前，首先要详细了解客户的资源、经济实力、客户风险状况和风险转移需求，才能为客户量身定制保险方案，才能协助客户正确选择保险公司。

3. 把好规避风险关

保险经纪公司应引导客户正确、有效地规避风险，在协助客户实施保险采购的过程中，要指导客户合法合规地实施保险采购，避免因采购操作的不规范导致采购工作的失败以及客户利益的受损。

三、规模资源共享

目前，保险经纪公司主要承接的是一些标的比较大、风险管理比较复杂的人身险、财产险、工程险和政府主导推动的责任险项目，在这些领域，保险经纪公司相当活跃，保险经纪服务已普遍被客户所接受，并且已经嵌入许多企业和部门的制度安排之中，因此，保险经纪公司也拥有了相当规模的保险资源，从而拥有议价权。客户通过委托保险经纪人实施保险采购，可以最大限度地利用保险经纪公司拥有的保险资源规模效应，提升自己的议价能力，缩短交易花费的时间，大幅降低保险成本。

案例 6-1

卡拉奇疏浚吹填项目中标后即开始准备保险采购工作。通过对合同的整理，合同文本是 FIDIC87 版，其中对保险的规定是要求承包商购买工程一切险、第三方责任险、雇主责任险、施工机具险、施工船舶保险，在特殊条款中明确规定保险必须要从当地保险公司购买，受巴基斯坦当地法律约束，保险单必须在开工后 84 天内正式确定并提交业主、副本。

由于中国水电建设集团港航建设有限公司作为承包商已经在国内进行了询价，故希望由中国保险公司作为项目的保险人，但是不能满足合同中约定的由当地保险公司承保的条件。而从当地 3 家保险公司的询价结果来看，费率又高得离谱。为此，承包方要求当地保险公司和中国保险公司合作，由中国保险公司作为当地保险公司的再保方。中国保险公司实际上也不是完全承保了此项目，而是通过一家亚洲的保险经纪公司，由保险经纪公司安排了再保，中国保险公司仅仅是再保公司中的一家。业主方由于看出承包商希望中国公司承保的意图，故要求必须提供再保险的详细信息，尤其是所有的再保公司必须是评级为 A 以上的保险公司。承包商将要求反馈给经纪公司，经纪公司最终安排了由安联作为再保 LEADER 的方案，业主方也最终实现了由 8 家再保公司分担保险 99.75%的风险。

课堂活动 6-1

每 3～5 个同学为一组，分组讨论以下案例：

××年，保险经纪服务进入上海市政府采购范围。上海市环保局、水务局、交通与港口管理局、药监局、体育局、民防办等部门陆续聘请了××保险经纪公司担任风险管理顾问，在内河船舶污染责任、道路交通承运人责任、防汛责任、地下空间责任、药害事故责任等领域试行以保险手段防范化解风险。××保险经纪公司为上述部门提供风险管理意见，参与专项课题研究，协助在公共责任领域与重大项目方面尝试新的风险管理模式。

(资料来源：http://business.sohu.com/20100721/n273662233.shtml.)

根据上述案例，简述保险经纪人如何在保险采购中实现规模资源共享。

第二节　保险经纪人实施保险采购的工作要求

一、及时的专业提示

(一) 保险采购计划的制订

保险经纪人在正式实施保险采购/竞争性谈判前一个月内，应制订保险采购/竞争性谈判工作计划，计划内容包括：拟确定的采购方式、采购成本、采购开始时间与结束时间、采购实施人员、采购工作包括的主要活动及可交付成果、采购工作的结束标志。

(二) 督促保险双方当事人及时签署保险协议或保单

除因委托人要求，保险经纪人应书面要求中标/中选保险机构在中标/中选通知书发出 30 个日历日内，与客户正式签署保险协议或出具保险单。因中标/中选保险机构或客户的原因，导致超过 30 个日历日仍未签署保险协议或出具保险单，保险经纪人应书面提示客户更换中标或中选单位，以及未及时获得承保的风险。

(三) 质疑答复

政府保险采购实施中，参与投标/谈判/报价的保险机构对采购事项有疑问的，或者认为招标文件/竞争性谈判文件/询价文件、采购过程和中标结果使自己的权益受到损害的，可以在知道或应知其权益受到损害之日起 7 个工作日内，以书面形式向保险经纪人提出质疑，项目组应在受到质疑后 7 个工作日内作出书面答复。

二、恰当的顾问角色

企业的许多风险会采用保险的方式处理，如何购买保险对企业来说是件复杂的事情，而保险经纪公司作为保险顾问的角色，为客户提供风险识别、风险评估、风险转移、风险管控等风险管理服务的解决方案，供客户参考。保险经纪公司熟悉各家保险公司险种条款和费率，针对客户的不同情况，在保险采购时会根据各家保险公司的经营情况，偿付能力水平了如指掌，最大限度地维护好客户的保险利益，为客户大大节约投保费用。

案例 6-2

××年×月，陕西西汉高速公路有限责任公司(以下简称“西汉公司”)聘请××保险经纪公司为保险经纪人，为西汉高速公路建设全过程提供风险管理和协助安排保险工作。

接到委托后，该保险经纪公司与西汉公司的有关领导进行多次座谈、沟通，查看工程设计文件，分析整个工程面临的各种风险，并先后 5 次赴现场风险勘查，掌握了大量的第一手资料，对风险的了解翔实而充分，为合理化安排保险提供了数据基础，真正起到了企业决策者保险顾问的作用，并通过一整套完整的保险招投标，为西汉公司争取到了最大的保险利益，较全面的保险保障和保险服务。

西汉高速公路是国家规划的“五纵七横”国道主干线之一的二连浩特至河口公路在陕西境内的重要路段，是陕西省“米”字形公路主骨架的重要组成部分。该公路完工后，对加快实施西部大开发战略、促进陕西省交通基础设施建设、加快陕南经济的发展和沿线贫困地区的脱贫致富将起到重要的作用。西部大开发使我国广袤的西部地区成为海内外瞩目的焦点，大开发必然带动大范围的基础设施的建设，必然伴随着大投资，也必然就会有大风险，要化解风险，运用保险业的经济补偿职能促进经济稳定，便显得尤为重要，抓住机遇，在促进西部大开发的同时加快西安分公司自身的发展，业务领域由原先的固有强项通信行业，逐步涉及、延伸至陕西优势所在的能源及基础建设领域，呈现出多元化的发展。

三、合法合规的实施采购

(一) 保险采购的实施程序和各项文件要符合国家相关法律法规的规定

保险采购方式包括保险招标(包括公开招标和邀请招标)、竞争性谈判、单一来源采购、市场询价、商务谈判五种方式，其中公开招标应作为政府保险服务采购的主要采购方式。

保险经纪人应根据《中华人民共和国招标投标法》《中华人民共和国招标投标法实施条例》《中华人民共和国政府采购法》《政府采购货物和服务招标投标管理办法》《政府采购信息公告管理办法》等相关法律法规及委托人的需求，向委托人推荐合法合规的保险采购方式，并严格按照上述法规要求实施保险采购、编辑保险采购所需的各项文件。其中，涉及政府保险服务采购方式的选择，应严格按照《中华人民共和国政府采购法》《政府采购货物和服务招标投标管理办法》中的相关规定，向委托人提出具体建议。

保险经纪人参与保险招标、竞争性谈判的人员应严格实行回避制度，招标/竞争性谈判组织人员、评审人员、谈判人员与投标单位有利害关系的，必须回避。投标单位认为招标组织人员、评审人员与其他投标单位有利害关系的，可以申请其回避。

(二) 保险采购实施过程中应被严格禁止的行为

(1) 未经客户同意，保险经纪人不得将以下信息透露给其他方。

① 已获取招标文件的潜在保险公司的名称、数量以及可能影响公平竞争的有关招投标的其他情况。

② 保险采购项目概况、投保险种、客户保险成本预算、保险方案、服务方案。

(2) 保险经纪人严禁收取商业贿赂，同个别保险公司串标，损害客户及其他投标单位的利益。

(3) 保险经纪人不得以不合理的条件限制或排斥参与竞标的任何一家保险公司，不得对潜在投标人实行歧视待遇。

(4) 保险采购过程的各类文件内容均不得违反国家法律法规、保险行业监管规定及政策。

(5) 未经客户同意，不得私自就中标/中选单位/报价单位、中标/中选/报价价格、保险条款等内容向投标/应选单位发出承诺。

(6) 严禁通过对照比较不同保险公司应标文件的方式来诱导或强迫保险公司违规更改条款、费率。

(7) 不得滞扣保险公司保证金、不当收取标书购买金。

案例 6-3

杭州湾跨海大桥是国道主干线—同三线跨越杭州湾的便捷通道。大桥北起嘉兴市海盐郑家埭，跨越宽阔的杭州湾海域后止于宁波市慈溪水路湾，全长 36 千米。大桥建成后将缩短宁波至上海间的陆路距离 120 余千米。大桥按双向六车道高速公路设计，设计时速 100 千米/小时，设计使用年限 100 年，总投资约 118 亿元。杭州湾跨海大桥是目前世界上已建或在建的最长的跨海大桥，大桥主体工程确保××年内顺利开工建设，××年建成，××年通车。

××年×月，在经历一年左右的接触后，杭州湾大桥工程总指挥部正式与某保险经纪公司签署了《保险经纪服务协议》。

由于杭州湾跨海大桥的风险复杂、保险金额巨大，无法纳入各保险公司的再保险合约中，故保险公司只能向国际再保险商进行临时分保询价，结果再保险公司提供的报价均难以满足客户的投保需求。某保险经纪公司根据上述情况，通过科学的划分风险单位，认真、严谨地分析每一家保险公司的承保能力、就大桥风险情况和施工组织管理情况等向保险公司充分说明，最终成功组织国内有实力的保险公司组成联合共保体，将杭州湾大桥工程项目保险费率控制在客户预算范围内，得到客户的充分认可。

课堂活动 6-2

活动 1

每 3～5 个同学为一组，分组讨论保险经纪人如何实施合法合规采购。

活动 2

每 3～5 个同学为一组，分组练习以下内容:

根据保险经纪人在保险采购中的相关要求解答下列问题。

1. 保险经纪人如何在保险采购中提供及时的专业提示。
2. 保险经纪人如何充当好适当的顾问角色。

本章小结

保险经纪人基于投保人的利益，为投保人与保险人订立保险合同提供中介服务，并依法收取佣金的机构。保险经纪人是保险采购的专家，能为保险采购各方搭建起桥梁，帮助投保人量体裁衣的实施保险采购，并能让被保险人、保险人共享经纪人所拥有的保险资源。保险经纪人在实施保险采购过程中，应向客户做好及时的专业提示、当好恰当的顾问角色，并确保采购必须遵守国家相关法律法规，保险行业监管规定及政策，并坚持公平、公正、公开和诚实信用的原则。

知识与技能训练

案例分析

上海××汽车有限公司是由中德双方共同投资，于××年签署合资协议，建立的中国汽车行业规模较大的合资公司。伴随中国汽车行业的发展，上海××汽车有限公司的投资规模和生产能力也逐年提高，进而对各种实物风险、操作风险、责任风险及经营风险管理和规避也显得越来越重要。由于过去的保险计划基本是按照保险公司格式化的保单进行投保，上海××汽车有限公司经营中的各种特殊风险没有得到很好的处理，为了改变这种局面，上海××汽车有限公司决定聘请专业的保险经纪人重新进行保险采购。

请你以专业经纪人的身份为上海××汽车有限公司设计一套保险采购的工作流程。

实训

(1) 钢铁行业具有资产度集中、产业链长、生产工艺复杂、高危环节多的特点，易发重大安全事故，风险管理任务艰巨。近年来，保险作为风险转移的一个重要工具，已经日益得到企业管理层的高度重视。钢铁企业在进行保险采购过程中，因缺少来自保险机构和专业人才，不可能制订出完整的个性化保险方案。为此，企业购买保险时，应聘请保险经纪公司为企业服务。

请你以保险经纪人的身份，谈谈钢铁企业财产保险采购的一些注意事项。

(2) 情景模拟

章节	保险经纪与保险采购	项目	保险经纪人的要求
工作情景	保险经纪人角色的扮演	学时	2
学习小组		指导老师	
具体工作任务 (1) 教师要求学生分别扮演保险经纪人、供应商等角色，引导学生进入各自角色。 (2) 教师提问：保险经纪人在采购中的要求是什么？ (3) 学生分组讨论，选出代表回答。 (4) 教师在学生回答的基础上并点评并作出总结。 (5) 教师评定成绩。			

复习思考题

一、单项选择题

1. 保险经纪人为客户提供的保险采购服务可以分为直接的保险采购服务和(　　)服务两类。

A. 再保险采购

B. 间接采购

C. 政府采购

D. 企业采购

2. 保险采购方式中(　　)应作为政府保险服务采购的主要采购方式。

A. 保险招标(包括公开招标和邀请招标)

B. 竞争性谈判

C. 单一来源采购

D. 商务谈判

二、判断题

1. 保险经纪人是基于投保人的利益，为投保人与保险人订立保险合同提供中介服务，并依法收取佣金的机构。(　　)

2. 客户通过委托保险经纪人实施保险采购，可以提升议价能力，大幅降低保险成本。(　　)

3. 保险经纪人参与保险招标、竞争性谈判的人员应严格实行回避制度。(　　)

4. 投标单位认为招标组织人员、评审人员与其他投标单位有利害关系的，可以不申请回避。(　　)

5. 除因委托人要求，保险经纪人应书面要求中标/中选保险机构在中标/中选通知书发出 60 个日历日内，与客户正式签署保险协议或出具保险单。(　　)

6. 因中标/中选保险机构或客户的原因，导致超过 60 个日历日仍未签署保险协议或出具保险单，保险经纪人应书面提示客户更换中标或中选单位，以及未及时获得承保的风险。(　　)

三、多项选择题

1. 保险经纪公司在保险采购活动中要及时给出专业提示，抓好“三关”，即(　　)。

A. 服务关　　B. 调研关

C. 规避风险　　D. 报价关

E. 质量关

2. 保险经纪公司作为保险顾问主要为客户提供(　　)等风险管理服务的解决方案供客户参考。

A. 风险识别　　B. 风险评估

C. 风险转移　　　　　　D. 风险管控

E. 保险转移

3. 保险经纪人实施保险采购及时的专业提示工作包括(　　)。

A. 保险采购计划制订

B. 保险采购工作包含的主要活动时间要求

C. 督促保险双方当事人及时签署保险协议或保单

D. 质疑答复

E. 直接采购

四、简述题

1. 如何发挥保险经纪人在保险采购中的作用？

2. 保险经纪人如何合法合规地实施保险采购？

附录 《政府采购法》架构介绍

1. 第一章 总则

该部分主要介绍了《政府采购法》的立法目的、适用范围、定义、政府采购应当遵循的原则、我国政府采购的体制、主管机构等内容。

2. 第二章 政府采购当事人

该部分主要规定了政府采购设计的当事人——采购人、供应商(含联合体供应商)，采购代理机构——应当具备的资格和应予遵守的条件。

3. 第三章 政府采购方式

该部分主要规定了政府采购包含的六种不同的采购方式及其适用的情形。六种政府采购方式包括公开招标、邀请招标、竞争性谈判、单一来源采购、询价、国务院政府采购监督管理部门认定的其他采购方式，其中公开招标为政府采购的主要方式。根据《政府采购法》第四条的规定，政府采购工程进行招标投标的，还应适用《招标投标法》。

4. 第四章 政府采购程序

该部分主要规定了政府采购的实施程序，包括部门年度政府采购预算的编制，邀请招标、公开招标、竞争性谈判、单一来源采购、询价采购方式应当遵循的程序，对供应商履约的验收，对于采购过程文件的要求等。

5. 第五章 政府采购合同

该部分规定了在确定政府采购供应商后，签署政府采购合同的要求。该部分内容包括合同适用的法律、合同签署形式、合同应具备的条款、签约时间、合同备案、签署补充合同以及合同的变更、中止和终止。值得注意的是：该部分对于政府采购合同的性质作了明确规定。《政府采购法》第四十三条规定："政府采购合同适用合同法。采购人和供应商之间的权利和义务，应当按照平等、自愿的原则以合同方式约定。"根据该规定，政府采购合同为民事合同，而不是行政合同。政府采购本身是一种市场交易行为，在采购合同订立过程中，不涉及行政权力的行使。但是，应当注意，政府采购合同除了具有一般民事合同的特点以外，还具有维护公共利益、严格财政支出管理、抑制腐败等功能，因此，政府采购合同又不完全等同于一般的民事合同，不同于一般的商业保险合同。

6. 第六章　质疑与投诉

该部分主要讲政府采购出现问题时的救济方式，该部分的目的是在采购过程出现问题时，给予供应商申请纠正的救济措施，这些措施包括供应商对采购人或采购代理机构的询问和质疑、供应商对采购人或采购代理机构的投诉、政府采购监督管理部门对投诉的处理、投诉人对采购监督管理部门的行政复议和行政诉讼等。

7. 第七章　监督检查

该部分主要规定，政府采购监督管理部门对采购人、供应商、集中采购机构政府采购活动的监督检查，以防止在政府采购过程中出现不符合法律规定要求甚至违规违法的情况，这属于政府主管部门的主动监管措施。该部分内容包括对政府采购进行监督检查的主管部门、监督检查的内容、监采分离制度、集中采购机构内部监管制度、集中采购机构采购人员管理、采购标准和采购结果公开、禁止指定供应商、政府采购当事人配合检查、对集中采购机构的考核、其他政府部门的行政监督和审计监督、检察机关的监督、社会监督即控告和检举等规定。

8. 第八章　法律责任

该部分规定了政府采购当事人和其他相关人员和部门违反政府采购法律法规或者行政规章时应当承担的法律责任。

9. 第九章　附则

该部分主要是讲《政府采购法》适用范围的例外和生效等规定。

参 考 文 献

[1] 付菊. 保险经纪人在企业风险管理活动中应大有作为[J]. 保险职业学院学报，2007(3)：37-38.

[2] 沈丹. 如何做好海外工程保险的采购[J]. 施工企业管理，2012(3)：96-97.

[3] 周黎洁，钱辰发. 无锡保险经纪人为采购人出谋划策[N]. 政府采购信息报，2007-12-12.

[4] 全国招标师职业水平考试辅导教材指导委员会. 招标采购专业实务[M]. 北京：中国计划出版社，2013.

[5] 潘功胜，沈开涛. 商业银行固定资产保险管理[M]. 北京：中国金融出版社，2005.